大夏书系一《中国教育报》四十年文存精选

回归教育本源

走向立德树人

丛书总策划　范绪锋
总主编　周飞
副总主编　张圣华　蔡继乐　张国华
主编　张树伟　张贵勇
副主编　杨三喜　刘钰　张湘怡

华东师范大学出版社

目 录
Contents

第二辑　校园新变化

第一辑　课堂新面貌

百本教案折射可敬的师者精神

山东省滨州市教育质量评价中心副主任·王蕾

据澎湃新闻报道，湖北省物理特级教师程启明坚持手写教案 40 年，目前已写 100 多本，累计 400 万字，被赞为"活动的物理教案博物馆"。在他的办公室里，手写教案本按年份顺序，整齐地码满了两个牛皮纸箱。教案的每一页，字迹端正工整，几乎都有他精心设计并绘制的图示。除了教案，他还手写编撰了多本习题集，每本约 5 厘米厚。

浏览新闻中一张张字迹工整、图文并茂的教案照片，赏心悦目之余，敬佩之情油然而生，教师的可敬形象跃然浮现于眼前。难怪有网友忍不住赞叹："这样的老师真的很值得尊敬，做他的学生很幸运！""对平凡工作的无限热爱，成就桃李满天下的教师楷模，致敬程老师！"一本本教案，虽写于不同年代，却有宝贵的师者精神一以贯之，无声地讲述着为师者坚持传统与追求现代的内在法则。

所谓坚持传统，就是无论身处任何时代，教师都要有扎实的基本功、过硬的专业能力、对教学的敬畏之心。这种敬畏之心首先就表现在教案上。"台上一分钟，台下十年功"，要呈现理想的课堂效果，课下必须充分准备。而教案是教学的起点，教师从课程标准、教学大纲、教材要求、教学内容和学校、学生实际出发，对教学方法、教学过程、板书设计、时间分配等都有周密的考量、精心的设计，旨在顺利而有效地开展教学活动。一份优秀的教案，体现出教师的教育思想、从教经验、教学智慧等综合素养。成为一位合格的教师，无不从认真备课开始。有了充分的准备，才可能有精彩的课堂；

有了足够的预设，才可能有美妙的生成；有了每课必备的习惯，才可能成长为教育家。

所谓追求现代，就是教师要有强烈的学习意识、十足的进取精神，随时代发展、学情变化而不断灵活地改变教育教学方式。程启明老师难能可贵的一点就是，常常站在学生角度看问题，给学生知识和能力上的源头活水。"他平时喜欢跟学生们一起做题，力争刷题数量达到学生的两三倍，尽量为学生们剔除一些跟不上时代的老题目，精选一些跟生活结合紧密、跟前沿物理科学接轨的好题目、新题目。"一个细节也令人赞叹，关于"万有引力定律"这一知识点，他每年的教学设计、例题和反思都不一样。不得不承认，有些教师多年使用一本教案，每年不过是在重复，即不是上了成百上千次课，而是一堂课重复了成百上千次。给学生一杯水，自己要有一桶水，更要成为长流水。教学是一门艺术，唯有走出舒适区，敢于创新，把鲜活的生活作为素材，才能呈现最精彩、最有价值的课堂。教师自身的自我精进，也是为学生打下坚实的学识基础，做为人处世的典范。

透过看似普通的教案，可以懂得如何做一名好教师，尤其是如何成为新时代的优秀教师。

坚守教学之本。教案的背后是敬业精神和职业态度。教案写得如何、备课是否充分，反映了教师对课堂的热爱程度、对学生的负责程度。在一些人眼里，随着科技发展，电子化办公、数字化备课已成常态，没必要一笔一画地手写教案。教案虽然不必手写，但一定要作为基本功训练并认真对待。写教案的过程其实是对知识点、学情的梳理，有对当下教育热点和学生情况的思考。这一过程不能丢，更不能投机取巧、照搬照抄，如到网上复制粘贴，据为己有。

遵从为师之道。教师写教案是备自己，也是备学生，让知识与学生之间产生化学反应。如果说手写教案体现了教师对教学的敬畏，那么40年坚持手写教案则是对教师职业的无限热爱。一个月，乃至一学年手写好教案并不难，难的是每课必备，精益求精一辈子。遵从为师之道，才能站稳讲台，赢得学生的尊敬和爱戴，才能培养一批又一批热爱学习、孜孜以求的时代新人。教师如果不突破自己的"天花板"，可能就教不好学生。每一届学生都在进步，教师如果不及时更新储备知识，就容易被学生问倒、难倒。

铸造教师之魂。教师要通过写好教案，上好一堂课，于无声处给学生精神上的引领。我国三次"天宫课堂"，航天员在天上开讲，程启明在教室讲。每次开讲前，他都会做足准备，"天宫物理课我必须重点讲，这是物理课，也是爱国思政课"。在程老师身上，我们感叹其择一业爱一生的专业精神，感受到了其爱党爱国爱教育的真实一面。学生的眼睛是雪亮的，教师是否热爱教师职业、喜欢讲台，学生一眼便能看出来，教师的价值观学生也感受得到。与心有学生、富有家国情怀的教师朝夕相处，学生会真心爱戴并追随，成为像教师一样的人。程老师的学生中，有百余位走上教育岗位，其中物理老师就有 30 位。"精益求精，没有尽头，程老师满足了我对一个物理老师的美好想象。"学生的感言，很好地诠释了为师的意义、大写的师魂。

"师者，人之模范也。"好老师是在教学实践中、在反思创新中成长起来的。教书育人在细微处，学生成长在无形中。400 万字的手写教案像一盏灯火，为广大中小学教师树立了教书育人、培根铸魂的榜样。向程老师学习，写好每一份教案，上好每一堂课，教好每一个学生，做新时代"大先生"，广大教师才能在加快推进教育现代化的新征程中不辱使命，培养更多担当民族复兴大任的时代新人，师者精神也自会代代传承、光芒永绽。

《中国教育报》2023 年 3 月 24 日

期待更多大学和小学联合育人的新实践

湖南省娄底市双峰县第二中学教师·阳丽君

"你们平时手里有多少钱？""钱可以用来做什么呢？"……近日，在浙江省宁波海曙区横街镇中心小学，宁波财经学院财富管理学院财商宣讲团的大学生们，为小朋友们带来了一堂财商启蒙课。

大手拉小手的助教模式由来已久，特别是大学生支教活动，助力了很多乡村学校发展，帮助很多乡村孩子打开了通往理想信念的那扇窗，也让大学生有了更多的实践和为社会服务的机会。如今像财经素养这样的特色课程深入到各小学，更能让大学生、小学生、学校实现互利共赢。

让大学生给小学生讲课，大学生会不会讲？能不能讲好？大学生热情满满，同时又有足够的专业知识，且富有创造性，往往愿意花更多的心思和精力，尽最大努力去完善课堂教学。为了把课讲好，他们尽可能地把枯燥的讲解变成各式各样的趣味小活动，把固定的教材知识变成生动的故事，把生硬的说教变成平等的交流谈话。在这个过程中，他们通过不断磨炼、不断尝试去提升自我。基层是最好的课堂，实践是最好的教材。对授课的大学生来说，把深奥的理论讲得通俗易懂，让小孩子都能明白，本身就是一次更深入的学习过程。一方面，学以致用，用所学理论指导实践，增强专业认可度；另一方面，学用相长，在具体实践中加深对理论知识的理解，在社会实践活动中受教育、长才干、作贡献。

让大学生给小学生讲课，小学生爱不爱听？能不能听懂？事实上，小学生更爱听大哥哥大姐姐讲课。大学生和小学生之间有天然的亲近感，他们和小学生年龄差距小，又青春活泼，更能赢得小学生的喜爱；他们点子多，教学形式新颖，教学更有吸引力。对于小学生来说，因为对老师的喜爱，他们会更喜欢课堂；因为对课堂感兴趣，他们会更喜欢学习。

大学生"老师"的到来，也能为小学课堂带来新鲜的色彩，使学校课程变得更加丰富多彩。目前，中小学都注重学生的全面培养，大力开展特色教育课程，但遇到的很大问题就是师资不足、资源不足。大学生入小学讲课，能作为这方面师资的有力补充。特别是"双减"政策落地后，大学生进入小学助力课后服务，能使书法、剪纸、围棋、舞蹈、小记者、乐器、球类等特色课程真正落到实处，专业的大学生队伍能为小学生带来最新鲜有趣的知识、最实用的技能。再如，现今很多高校都在探索大中小学思政课一体化新模式，一些相关专业的大学生加入到大中小学思政课一体化建设中来，不仅能缓解专业思政课教师不足的问题，而且能使思政课更新颖，更深入人心。

通过大学带小学联合育人活动，可以搭建起大学与小学之间的合作共赢平台，让大学生学有所用，让小学生学有所乐，让学校资源整合，呈现出教育齐步向前、融合发展的良好局面，实现互利共赢。

《中国教育报》2023 年 3 月 30 日

自制教具点亮村小科学课堂

辽宁省朝阳市建平县教师进修学校校长·刘福谦

据《新京报》报道，在河南省固始县一所乡村小学的一间普通教室里，藏着科学教师张建涛的一个梦。教室门口的牌子给这个梦做了注脚：张广一小科技馆雏鹰科学实验室。就在几天前，张建涛用网上买来的材料组装成了一个无人机。无人机在学校操场上起飞的视频引来众多网友赞叹："能动手的老师太少了，都这样上课，何愁孩子没上进心。"

很长一段时间以来，乡村学校如何上好科学课，成为一道较为难解的题。除了经费不足、实验室硬件配备不够，还存在乡村科学教师普遍缺乏、教师课程力不足等原因。但方法总比问题多，有志者事竟成，张建涛用自己的经历给如何创新乡村学校科学课堂做了很好的示范，值得我们借鉴。

上出精彩的科学课，放飞农村娃的科学梦，科学教师要真心爱科学、爱孩子、爱课堂，将科学与生活相融合，课内与课外相衔接，勤于钻研，做好兴趣引领，让学生在玩中学、在学中涵养科学探究精神。正如张建涛所言："我不在乎他们能不能学会实验里的知识，我想做的就是点亮他们的好奇心，激发他们的兴趣。"

就地取材、巧妙设计，教师自制教具做科学实验，既打破了乡村学校科学实验材料匮乏的困境，又丰富了科学教育的教学资源。教师自制教具的行为本身，对学生而言也是一堂有价值的示范课，无形中能提高学生的动手操作能力，让科学课焕然一新、妙趣横生，做到了真正接地气、开眼界。

科学课程的目标是培养学生掌握基本的科学知识和思维方法，形成初步的科学观念，具有初步的科学思维、探究能力和科学态度。科学源自生活，以日常生活为基础。当现实条件不具备时，科学教师不妨转变观念、处处留心，利用身边的废旧材料，如细铁丝、易拉罐、饮料瓶等，以简单易行的方法，自己动手研制学具、教具、模型、实验器材等，使其成为可利用的教学资源。科学教育重在激发兴趣。通过富有创意的教具，教师能让学生经历一次有价值的探究和实践过程。通过精心设问、恰当引导等方式，能很好地鼓励学生既动手又动脑，从而提升科学课的教学质量，实现科学教育的初衷。

自制教具并不难，难在打破理念或思想上的束缚。只要善于钻研、发现并长期坚持，就能取得教育成效。新闻报道中，科学实验室里的教具不是一天做完的，很多东西张建涛收集了一年，"小火箭"先后共有 10 个样本就是一个例证。自制教具之余，他还与学生分享制作过程中的挫折、亮点与感想。正是不断推陈出新、升级迭代、分享，他的科学课才精彩纷呈，取得出彩的教育效果。学生沉醉其中，每每做实验时，眼里有一种光，这是只讲书本上的知识时看不到的。

其实，不只科学课可以自制教具辅助教学，其他学科，如美育、体育、劳动教育等，也都可以因地制宜、就地取材，用富有创意和地方特色的教具为乡村学校的课堂增色，激发乡村学生的学习热情，全方位提升他们的综合能力，最终帮助他们走出自己的出彩人生。

《中国教育报》2023 年 3 月 24 日

改善学习生态，呼唤学习方式深度变革

深圳大学教育学部副教授·王晓芳

今年全国"两会"期间，有代表委员建议，应以推动中小学学习方式变革为突破口，促进"双减"政策落地，改善学生学习生态。

在促进教育高质量发展的新时代背景下，推动中小学学习方式的变革与转型具有重要意义。实现高质量学习是"双减"改革的重要目标，推动学习方式变革被视作实现减负增效提质的关键着力点，关乎学生核心素养的发展。同时，以人工智能为核心的数字时代重新定义了未来教育的本质，知识的形式及其建构理念、路径也发生了急剧变化，这必将对学生学习方式产生冲击乃至颠覆效应。变革学习方式既是坚持素养导向、落实育人为本、践行以学习者为中心教育理念的应有之义，同时也是与时俱进，适应未来经济社会发展与科技革命的必然要求。

转变学生学习方式始终是我国课程改革的重点，事实上，学习方式也处于不断变革迭代、转型升级的进程中，凸显了自主、探究、合作、互动的学习理念，涌现出深度学习、个性学习、项目学习、跨学科学习、混合学习等多种创新型学习模式。但是，新课标背景下，中小学学习方式的转型仍面临诸多短板与障碍，需以系统化协同理念，深入思考学习方式变革的机制与路径。

变革学习方式首先应深化学习理念的转型，统合协调认知与非认知学习要素，注重学生学习心理品质的培养。传统上，是以信息加工的视角来理解学生学习方式，将其变革局限于认知方式、风格或策略的转变。知识获取的多寡、难易被视为学习方式效果评判的核心标准，进而催生出过于强调应试和分数的教育短视化现象。学习方式本质上蕴含着动机、意志、社会情感等非认知的心理因素。变革学习方式应将培养学生的好奇心、学习意志力、创造力、合作沟通能力、社会情感能力作为重要目标，促进认知策略与非认知素养之间的互动衔接、协同发展。

变革学习方式需构建以学习为中心的"教—学—评"一体化体系，强化教学活动、学业评价与学生学习方式的有机匹配和相互支撑。有什么样的评价标准，就有什么样的学习方式。评价标准深刻影响着教师的教学理念与活动，同时也从根本上形塑学生的学习动机、行为、策略和状态。应充分运用教学评价指挥棒，发挥评价的引领与导向功能，将学习方式纳入以素养为导向的学业质量标准体系之中，开发与学习方式变革相匹配的作业设计模式，引导学生学习方式逐步向自主、合作和探究转型。此外，推动教师教学理念的革新，树立正确的知识观与学习观。"先学后教，以学定教"，教师教学目标的设定、教学环节的设计应与学生学习过程紧密联结并与之形成良性互动的关系，通过创新教学方式推动学生学习方式的转变。

变革学习方式需推动新兴信息技术与学习全过程的高度整合，实现学习方式的数字化变革。智能化与数字化浪潮的到来正推动着学校教育的革命性转型，同时也为学习方式的数字化变革提供技术支撑。数字技术的高度发展使得建构虚实结合、多维立体、个性智能的数字化学习场域成为可能，并将拓展学习空间与平台、丰富学习资源与工具、转换学习情境与领域，进一步推动互联融通的无边界学习的产生。合理利用人工智能等技术媒介，不断推进人机互补、协作及其与学习全过程和各要素的深度融合，有利于解放学生的双手与大脑，为个性化、自主性、探究型学习创造条件，实现学习的过程效能与成果质量的双提升。

变革学习方式还需强化家校社协同，破除教育功利化、短视化倾向，营造良好的教育生态系统。教育功利化与短视化倾向带来了教育焦虑和无序化的教育竞争。"唯分数""唯成绩""唯升学"等功利化、短视化教育行为进一步导致学习方式趋于单一片面、刻板机械与低质低效，从根本上违背了学生学习与成长规律。因此，要充分发挥家校社协同育人的功能，积极宣导正确的教育理念，让教育的育人本质成为社会共识。要引导家长理性看待教育竞争，秉持教育的长期主义理念，缓解家长教育焦虑，为学生学习方式的转变提供良好的家庭环境与文化土壤。

《中国教育报》2023 年 3 月 16 日

开辟"新赛道"，做好科学教育的加法

中国科学院附属玉泉小学校长·王红艳

近日，中共中央政治局就加强基础研究进行第三次集体学习。会议强调，要在教育"双减"中做好科学教育加法，激发青少年好奇心、想象力、探究欲，培育具备科学家潜质、愿意献身科学研究事业的青少年群体。

现今，新一轮的科技革命突飞猛进，它给世界带来的变化是前所未有的。新一轮的科技革命不仅是技术上的发展，更是社会和经济发展的重大转折，它将改变我们的工作、生活、教育等。因此，科学教育的重要性和紧迫性也日益凸显。如何让学生掌握现代社会所需的技能和知识，更好地适应环境变化，更好地应对未来挑战，是摆在我们面前的严峻课题。

在教育"双减"中做好科学教育加法，激发青少年好奇心、想象力、探究欲，培育具备科学家潜质、愿意献身科学研究事业的青少年群体，意义重大。基础教育阶段，在学生作业负担和校外培训负担"双减"的同时，更要注重学生探索、实践、发现、创新和科学研究能力的培养，以满足未来社会对人才科学素养和创新能力的需求。因此，基础教育阶段要在"减"的基础上做好"加"的功课，要增加对科学教育的深度认识，增加科学教育的创新举措，增加社会资源"进课堂"，增加个性化教育，增加与实际生活的联系，努力构建开放、富有活力的课程建设，促进科学教育的可持续发展，提升学生的科学素养。

增加对科学教育的深度认识，就要打破科学教育只作为某一学科的教育观念，冲破学科壁垒，以横向融合的方式培养学生的科学素养，让学生不仅掌握某一学科的知识，而且能在多学科之间联系和融合，从而培养创新思维和科学判断能力。传统的教育方式需要适应科学教育发展的滚滚浪潮，不在思想观念和教育行为上做改变，就不能开辟出"新赛道"。从这一点上讲，科学教育教师的素养提升任重道远。教师要主动求新求变，谋求自身专业素养的发展，这是科学教育可持续发展的不竭动力，是科学教育得以发展的"定海神针"。

增加社会资源"进课堂"，构建开放式的科学教育。开发馆校合作，将是调动社会资源参与科学教育发展的途径之一。与科技馆、研究所等单位进行"馆校共建"，实现深度合作，致力于让学生走出校园、走进科学。这样能极大地发挥科技馆技术设备、科学家资源的优势，与学校科学课有机结合，为学生拓展科学探究和综合实践的场域，建设具有科技特色的校本课程。同时，还可以探索把科学课搬到科技馆上，实现与科技馆资源的零距离接触，培养孩子"像科学家一样思考"，观察生活，认识世界，培养科学的思维方式。

增加个性化教育，增加与实际生活的联系，可以紧密结合学校社团优势，挖掘科技社团潜力，寻求科学教育的个性化服务和生活化指导，促进长远发展。各地区、各学校通过建设丰富的科技社团，也能为科学教育的发展保驾护航。可以根据学生的兴趣爱好和能力水平，量身定制个性化的社团服务，引导学生积极探索，并尝试用科技手段解决生活问题。丰富的科技社团可以为科学教育的发展提供有利的条件，为学生提供有益的学习环境，促进学生科学素养的培养和发展，从而为科学教育的发展贡献力量。

筑牢基础教育阶段的科学教育根基，共同培育科学教育的良好生态，让学生心怀科学梦想，拥有创新精神和志向，推动科技发展，这是建设科技强国的必由之路。

《中国教育报》2023 年 3 月 2 日

加快推进中小学法治教育一体化

伊犁师范大学法学院院长、教授·马幸荣

日前，甘肃省出台《关于进一步加强全省青少年法治宣传教育工作的意见》，要求坚持法治教育与道德教育相结合，坚持法治实践和行为养成相融合，以宪法教育为核心，以全面提升青少年法治意识和法治素养为目标，着力构建系统完整的法治教育体系，推动青少年法治宣传教育常态长效。

在中小学设立法治知识课程，把法治教育纳入国民教育体系；以各种方式全面推进青少年法治宣传教育，为所有中小学校配备法治副校长……我们看到，近年来，中小学法治教育得到全面加强。但也要看到，中小学法治教育仍面临着一些困难。比如，中小学各阶段学生法律意识的培养教育还不够深入和全面、中小学法治教育定位不够清晰、法律教育人才相对缺乏、课程教育的过程中重理论轻法治意识培养、课程资源开发不充分等，迫切需要加快推进中小学法治教育一体化。

中小学法治教育一体化体系构建，要坚持以下原则。一是系统推进原则。应当根据青少年在不同阶段的身心发展规律，以及对法律的认知情况、学习需求、接受程度等来确定法治教育的目标，设计法治教育内容，确定法治教育的方法，系统构建中小学法治教育一体化体系，使中小学法治教育目标呈现梯度性，法治教育内容呈现层次性，法治教育方法呈现实践性，分阶段、有计划地逐步系统推进，从而提升中小学法治教育的质量与效果。二是法德并育原则。要将道德教育和法治教育有机统一起来，双向有机融合，既帮助青少年掌握权利界限，强化责任意识，又培养青少年对社会道德秩序、公序良俗的认知，从而使青少年内心产生法律的正义价值与道德的道义价值统一的认同，实现自我的法治素养与道德素养的提升。三是理实结合原则。一方面需要在课堂上传授法律理论、分析案例，让学生有一定的理论认知；另一方面还应当针对学生的年龄与特点，适当拓宽课堂的范围，注重实践体验，加强第二课堂的实践教育，增强实践体验，实现理性知识和感性体验的有机融合，将法治教育落到实处，提升法治教育的效果。

加快推进中小学法治教育一体化，要着力构建中小学法治教育"四位一体"协同机制。要根据中小学各学段学生成长成才的规律以及法治教育教学的规律，各部门横向联动，对青少年加强法治教育，构建以政府为保障、学校为主导、学生为主体、社会为依托的"四位一体"协同机制。

政府部门要充分发挥保障作用，从制度上统筹建设、管理青少年法治教育，公检法等司法机关也要充分利用自己的专业优势、资源等积极参与到青少年的法治素养培养工作中。

各级中小学是进行青少年法治教育的主阵地，各学校应当充分发挥主导作用，根据不同教育阶段的学生在心理、认知、理解能力、法治观念等方面的不同，在法治教育课堂中由浅入深、层层递进、循序渐进地推进中小学法治教育的一体化。

全社会要营造崇尚法治的良好氛围，用中小学生乐于接受的方式大力开展法治宣传教育，通过网络平台推送各种法治知识、法律案例，让青少年在良好的法治氛围中潜移默化地受到影响和熏陶，让法治思维在青少年的心里生根发芽。

各级中小学生也需要充分发挥主观能动性，自觉地去学习、思悟、践行、传播法律知识，学会用法律的视角分析问题，用法律武器维护自己的合法权益，用法律的规则约束自己的行为。

加快推进中小学法治教育一体化，要着力构建中小学法治教育一体化的专业教学体系。当前中小学进行法治教育的教学课时相对不多，法律教学体系层次性、系统性不够。这就需要对教材进行深度分析，梳理教材各章节的设计意图，厘清法治教育和其他板块的关系，依据不同年龄、不同学段的学生特质，以教学模块为统领细化教学专题，由浅入深、循序渐进地制定各阶段的教学目标，深化教学内容，拓宽教学范围，点、线、面系统性地设计课程内容，建设课程资源，统筹安排教学。

为此，要加强专业师资队伍建设，增强法治教育一体化教学能力。当前各中小学的法治教育教师主要以师范类学生居多，要提升中小学法治教育的水平，必须强化师资队伍专业能力建设，提高法治教育一体化教学能力。一是在高校师范教育体系中，增加法律专业知识的密度，为培养专业化的中小学法治教育师资打好基础。二是加强师资培训，为从事法治教育的教师在入职前、后，增加法治教育模块的专项培训，提升法治教育水平，同时搭建一体化培训平台，构建中小学、高校、法治机构的法律教学共同体，加强沟通交流，提升法治课程的教研科研能力和教学能力。

要构建多元化法治教育模式，提高法治教育一体化教学效果。由于法律知识体系庞杂，专业性较强，因此在中小学法治教育过程中需要构建多元化的教育模式，发挥育人实效。一是在教学方法上以学生为中心，依据各学段学生的认知能力和教育目标，采用与之匹配的教学方法，如义务教育阶段采用故事教学、情境模拟，高中和高等教育阶段采用研讨式、案例式教学。二是在组织形式上协调推进课堂教学、校园实践活动、校外体验的协同教育，多维度、全方位、浸润式地引导学生学习，增强感性体验，提升法律理论认知，将法治精神内化于心、外化于行。三是在考核评价上注重多元化、过程化，建立科学的法治教育考评机制。考评主体上，以任课教师评价为主，学生互评、班主任辅导员评价为辅，对学生法治素养进行全面、客观地评价。考评内容上，既有传统的知识性内容的纸笔考核，又有对学生平时参与各项活动的实践能力的考核。

《中国教育报》2023 年 1 月 13 日

线上教学应立足长远，深度融入日常

中国教育科学研究院助理研究员 · 王轶晰

教育部近日印发的《学校新型冠状病毒感染防控工作方案》明确提出，没有疫情的学校开展正常的线下教学活动。从 2020 年初的"停课不停学"开始，线上教学已伴随师生三年，我们进行了"全世界规模最大的线上教学实验"。在这样的背景下，原本作为应急之举的线上教学应如何立足长远、充分与学校教学融合，在日常教学工作中发挥作用，是当前必须思考的问题。

要充分发挥线上教学助力课堂质量提升的作用。在过去三年中，如何提升学生在网课中的注意力、保持较高的注意力水平，是许多教师面对的难题。为此，不少教师挖掘优质线上教学资源并引为己用，优化课堂设计，达到了较好的效果。而国家中小学智慧教育平台更汇集了大量优质线上教学资源。这些资源不仅支持疫情期间的线上教学，更能够指导教师的线下教学，为教师提供了优质的课堂教学范本与案例，引导教师进一步改进自身教学，对课堂质量的提升有重要意义。在线教学也使优质教育资源能够打破时空限制，在不同教师群体中得以共享，从而在全国范围内促进课堂教学质量的提升，为教师和学生提供了新的互动体验与多种数字化教学资源和工具，提升师生互动的水平和实效性。在线下教学逐步恢复的背景下，线上教学仍需提供高质量课堂和师生互动资源，从而助力课堂教学水平的提升。

对于常规教学而言，线上教学首先提供的是优质教育资源与教学思路。然而，线上教学和在线教育资源具有"碎片化"的特点。因此，将在线教学与常规教学相融合，通过在线教学提升教学水平，关键在教师能否将碎片化的线上教学和相关资源进行整合与系统化梳理，形成明确、有层次、有条理、线上资源与线下活动相融合的教学思路。这有赖于教师的专业素养。教师对所教学科的理解及对学生认知和身心发展规律的理解，决定了教师如何将在线课程中有用的资源进行吸收，并整合进教学过程。同样，教师挖掘、获取、吸收在线教学资源，进行在线教学的能力和效率也有赖于教师的数字素养。提升教师的专业素养和数字素养都需要教研的支持。将在线教学与常规教学融合，更加需要学校开展系统化、有针对性的教研，针对教师对所教学科的理解、学生身心发展规律以及数字素养等相关领域进行研训，保证线上教学更好地支持常态化教学工作。尤其重要的是，教师应利用研训的机会充分学习、思考学生获得知识的途径发生了怎样的改变，探讨作为教师应支持学生发展怎样的素养和能力，从而更新教育观念、提升教学品质、促进学生成长。

支持学生个性化自主学习。在线教学打破了传统课堂时间和空间的限制，也使正式学习和非正式学习之间的界限变得模糊。这赋予了学生很大的自主性，学生可在任何自己方便的时间，针对自己感兴趣或需要的内容进行学习。在线下教学恢复后，在线教学仍需成为支持学生自主学习的重要力量。应为学生提供优质丰富、覆盖学生全面发展、符合学生发展水平和认知特点的在线学习资源，并考虑提供注意力激发、自我评测、学习行为监督管理等督促学生自主学习的功能，从而支持学生的在线自主学习。同时，在线教学能够弥补传统课堂教学的不足，支持学生的个性化发展。在线教学可着力拓展学生学习的内容范围和讲授方式，使学生有更多机会选择最适宜自己的学习任务。可以尝试在一定教育理论和科学研究的基础上，为学生的学习和发展生成精确、稳定的画像，明确学生的最近发展区，并据此向学生推送最适宜的任务和资源，支持学生个性化自主学习。

拓展应用场景和业务范围。过去三年的经验显示，虽然在线教学的首要目的是实现疫情背景下"停课不停学"的目标，但学生进行在线学习的场景已远不止课堂一种。学生在完成作业、课后活动、社交活动乃至休闲娱乐时，都有进行在线学习的可能和需求。在有序恢复线下教学后，这种多场景的教学需求仍然存在，在线教学也必须对这些场景下学生的学习提供进一步的支持。同时，在线教学也需主动创新应用场景、拓展业务范围。依据学生的认知特点、教学规律和师生需求，进一步探索教、学、评过程中的不同场景，及时对外发布，由此拓展在线教学与日常教学融合的广度和深度。另外，针对教师教研、课后服务、家校社协同共育等基础教育的关键内容，在线教学也需着重发展。

《中国教育报》2023 年 1 月 13 日

用好第二课堂，提升学生科学素养

深圳市龙华区教育科学研究院附属实验学校教师·周昱勤

据《工人日报》报道，在北京市密云区的图书馆、社区、敬老院、水库周边等地方，经常能看到志愿小队活动的身影。这些小志愿者在发扬奉献精神、服务他人的同时，也收获了课本以外的知识、锻炼了能力。志愿服务成为学生成长的第二课堂。

对学生而言，第二课堂具有实践性、趣味性，是生动的教育场所，可以促进学生全面发展，包括提升学生的科学素养。例如，首都师范大学附属密云中学的学生志愿参与家乡贡梨一条龙服务，通过开展"黄土坎鸭梨与其他鸭梨糖度、酸度及石细胞粒径差异性研究"，接触到了完整的科学研究过程，并用自己的研究成果向顾客介绍贡梨的优点，将贡梨销售一空。

长期以来，国家非常重视学生科学素养的提升和科技人才的培养。在此背景下，中小学的科学教育至少承担着两个任务：一是培养中小学生对科学的浓厚兴趣和远大志向，为国家科技发展培育后备力量；二是进行科学知识、科学观念的基本教育，提高学生科学素质，为科技发展奠定良好的社会基础。为此，中小学校、教师努力开展了诸多工作，包括通过专门的科学课程以及与之相关的物理、化学、生物等课程进行科学教育，同时辅之以一定的实践活动。这些工作有效地提升了中小学生的科学素养，但也存在需要改善的问题。例如，中小学生虽然在课堂中学习到了科学知识并建立起一定的科学观念，但缺乏将科学知识实践运用的机会以及对科学知识的深入感知。现实中，也有不少学校、教师结合实际情况开展了一些实践性活动，但囿于场地、社会支持等，效果不尽如人意。

第二课堂可以为学生科学素养的提升提供一个生动的场所，值得重视和利用。从现有的教育活动看，第二课堂的核心实质上是志愿服务，其具有两个鲜明特征：一是涉及内容的多样性。志愿服务工作是以社会生活需求为基础开展的，学生志愿服务工作的对象和内容类型丰富、贴近实际。二是问题解决的复杂性和系统性。学生在进行志愿服务工作时，不可避免地会遇到诸多现实问题并需要积极应对，需要系统性的知识和思维。

就学生科学素养的提升而言，第二课堂的这些特征具有两方面的益处：一是第二课堂可以帮助学生接触那些真实的、多样的、有关科学的情境，让学生更为生动地感受科学知识的真实存在；二是第二课堂可以让学生在接触、解决一些问题时，综合运用已学已知的知识，提高对科学知识的系统化、综合化理解和运用。所以，对学生科学知识的学习、科学观念的获得以及整体科学素养的提升而言，第二课堂可以提供一个真实、有趣、充满实践性的场所。

需要注意的是，第二课堂虽然很生动，但教育者对其利用却不能仅限于此，需要基于学生所处学段、知识积累情况进行科学的设计，并注重教育性引导。如此，第二课堂方能更好地发挥其生动性与教育性，不断提升中小学生的科学素养。

《中国教育报》2022 年 12 月 16 日

全面推进中小学思政课高质量发展

天津师范大学马克思主义学院副教授、天津市中国特色社会主义理论体系研究中心天津师范大学基地研究员·于江涛

思政课是落实立德树人根本任务的关键课程。为了深入贯彻党中央的决策部署，教育部近日印发《关于进一步加强新时代中小学思政课建设的意见》（以下简称《中小学思政课建设意见》），坚持政治自觉、遵循规律、解决问题，对新时代中小学思政课建设工作作出全面谋划和重要部署。

突出关键课程地位和作用，以中小学思政课培根铸魂。在"培养什么人、怎样培养人、为谁培养人"这个根本问题上，思政课的地位十分重要，作用不可替代。《中小学思政课建设意见》以高度的政治自觉，立足"国之大者""党之伟业"，突出强调中小学思政课在立德树人中的关键地位，应充分发挥关键课程作用。

一是把加强党对思政课建设的全面领导摆在首位，切实把好思政课建设政治方向。学校党组织书记、校长作为思政课建设的第一责任人，要建立健全党组织抓思政课工作机制，在思政课内容建设、队伍建设等方面绷紧弦、把好关、担起责。二是扎实推进习近平新时代中国特色社会主义思想进教材、进课堂、进学生头脑，充分彰显思政课政治引领和价值引领的功能。要用好思政课统编教材、《习近平新时代中国特色社会主义思想学生读本》等，有针对性地进行党的创新理论教育，引导中小学生扣好人生第一粒扣子，着力培养担当民族复兴大任的时代新人。对此，《中小学思政课建设意见》明确提出，到 2025 年，中小学思政课关键地位进一步强化、建设水平全面提高。

遵循"三大规律",创新中小学思政课建设体制机制。科学把握思政教育和学生成长的规律和特点,是思政课建设的内在要求。《中小学思政课建设意见》明确提出要遵循思想政治工作规律、教育教学规律和学生成长规律,坚持守正创新,完善体制机制。

一是创新教学管理体制。教学管理体制所要解决的是思政课建设的根本制度问题,总体要求是坚持党的全面领导,具体内容涉及教学内容、教学方法等诸多方面。坚持把讲好道理作为思政课的本质要求,针对学生认知规律创新教与学的方式方法,调动学生参与思政课的积极性、主动性。根据不同学段学生的适应性编写教材教辅,把新时代伟大实践成就和重要时政、活动、精神有机融入教学。二是完善教研工作机制。对中小学而言,教师的第一要务是把课讲好,但教研相长是基本规律。与教书育人有关的研究成果能够反哺教学,形成良性循环。要将思政课教研员培训纳入教师"国培计划",建立思政课教师教研共同体,发挥思政课研修基地中心的示范引领作用。三是构建大思政课体系。大思政课应顺应思想政治教育规律,通过"大课堂""大平台""大师资"调动社会力量和资源,加强思政课建设的制度创新。要在办好思政课的同时,提高课程思政水平,创新德育工作途径,加强校园文化建设,形成思政工作整体合力。

立足解决实际问题,把握中小学思政课建设的痛点、难点。近年来,中小学思政课建设实现了长足发展,但也存在一些亟待解决的问题。《中小学思政课意见》坚持问题导向,主动回应新时代中小学思政课建设的新方向、新要求,全面解决其中存在的痛点、难点。

一是加强教师队伍建设,着力解决中小学思政课教师兼职比例较高、专业性不足的问题。办好思政课的关键在教师,明确专职教师配备比例,规范兼职教师选配;提出建立思政课教师严格准入、培训轮训以及课题支持等制度;在评优晋职工作中适当倾斜,因地制宜设立思政课教师岗位津贴等。二是强调开齐开足课时,落实课程内容,着力解决中小学思政课教学时长不足和内容不够丰富的问题。要求依据国家课程方案,明确具体周课时量,把开齐开足思政课作为严肃的政治纪律、教学纪律。提出课程教学与主题教育相结合，实现知识传授、思维养成和价值培养相统一。三是丰富课程教学资源，着力解决教学资源不够丰富、鲜活的问题。提出加强中小学思政"精品课"和优质教辅资源建设，统筹各类校外教育资源，推动课堂教学和实践教学有机结合，用好国家和地方数字化资源平台等。

中小学思政课建设是一项系统工程。《中小学思政课建设意见》为建设高水平高质量的思政课提供了制度保障、政策支持和具体指导，但仍需要各级教育行政部门和学校配合协作、严格执行，将制度和政策优势转化为实际效能。

《中国教育报》2022 年 11 月 15 日

学科间联合教研优化作业管理

深圳市龙华区教育科学研究院附属实验学校教师·周昱勤

健全作业管理机制，是"双减"过程中的重要任务，也是实现"双减"的关键渠道。因此，在重视作业设计、作业质量的同时，学校管理者也越来越重视作业管理在减轻学生作业负担中的意义。

从笔者所接触的教育实践看，目前中小学的作业管理方式主要有两种：一是通过控制时间来进行作业管理。例如，一些学校在政策允许的范围内，考虑学科的性质、学生的发展等因素，将时间进行相应的分配。二是通过加强作业内部的联系进行作业管理。例如，一些地区、学校要求各学科教师在进行作业设计与布置时，充分考虑本次作业与上一次作业、上一学期作业甚至上一学年作业的联系。对学生而言，这两种作业管理方式都减少了作业数量，很大程度上达到了减负的效果。

但是，目前的作业管理方式也面临一些困境。例如，以"时间管理"实现"作业管理"的方式，在操作上简单明了，却较为机械。很多学科感觉"作业时间不足"，却一时无法改变这一现状。以"加强作业内部联系"实现"作业管理"的方式，虽然能解决学科内部作业重复、衔接性较差等问题，却依旧无法从根本上解决各个学科在作业时间上"不够用"的问题。

在这种情况下，加强各学科作业之间的联系，有助于减少作业无必要重复、低质量衔接等问题，进一步减轻学生负担。对于教师而言，实现作业间的联系是一件较为困难的事情，但多学科教师之间在深度交流、充分讨论的基础上设计作业，很大程度上可加强学科作业之间的联系，实现所谓的学科间联合教研。与当下较为普遍的学科内部教研相比，这种教研方式最大的特点是突破了学科之间的隔阂。学科间的教研有助于各学科教师了解相关学科的基本教学进度、教学重难点以及某些知识点在自己所教学科和相关学科所处的位置、发挥的作用等，还有利于教师了解其他教师设计作业的基本内容、考点以及学生完成作业需要的相关基础知识等。此种背景下，教师可以根据学生整体学习情况以及相关学科作业设计，有重点且有合作地完成本学科的作业设计与布置。由此可见，学科间联合教研可以成为作业管理的一种重要方式，并在一定程度上能弥补上述两种作业管理方式的不足。

为实现学科间的联合教研，进而优化作业管理，学校需要提供相应的支持条件。从学科组层面看，学科组负责人不妨以学科组为单位，主动与相关学科组进行合作，为联合教研提供契机和良好的团队基础。需要注意的是，以学科组为单位进行学科间的联合教研，应成为联合教研的主要形式。原因在于，学科间的联合教研需要更多的智慧和协作。从学校层面看，学校可以形成制度（如学科间联合教研制度），提供各种便利条件（如时间、空间等），对一些成果（如学科间联合教研形成的作业范例）进行表彰、宣传、推广等，推动学科间的联合教研走向深入。总而言之，学科间的联合教研可以进一步优化作业的内容及各学科作业之间的相互联系，学校不妨充分重视并利用这一方式完善作业管理，更好地落实"双减"政策的相关要求。

《中国教育报》2022 年 11 月 4 日

创新科普课，圆青少年科学梦

本报记者·张贵勇

2022 年 10 月 12 日下午，"天宫课堂"第三课在中国空间站正式开讲。神舟十四号飞行乘组航天员陈冬、刘洋、蔡旭哲面向广大青少年进行太空授课，这是中国航天员首次在问天实验舱内进行授课。

综观整堂课，时时可以感受到丰富的科学知识、可贵的探索精神，处处折射出巧妙的课堂设计、科学课本身有趣有益的一面。无论是三名航天员在轨展示介绍中国空间站问天实验舱工作生活场景，还是演示微重力环境下毛细效应实验、水球变"懒"实验，做太空饮水、玩转扳手等趣味活动，都让人大开眼界、大呼过瘾，可谓树立了好的科学课示范。

何为好的科学课？首先体现在设计上。例如，为了更好地实现天地共播一粒种，有学校让学生提前播种水稻，并进行观察记录。有了事先的学习和了解，此次与植物和水有关的科学课便产生了很好的教学效果。其次体现在实验过程中。例如，同样是做水管吸水实验，实验场地不同，效果迥然不同，背后则是水的表面张力随重力变化而变化的科学原理。最后体现在师生之间的高质量互动上。学生们提出的"天上与地下的流体现象为何差异那么大""植物在太空的生长周期与地面是否有区别""植物在太空为何也能向下生长根须"等问题，都是细心观察思考后极有意义的课堂生成。航天员简明扼要回答之后，还适时点拨、循循善诱，鼓励学生深入思考，使科学课充满温情，既开阔了学生的眼界，也触动了他们的心灵，全方位凸显了科学课的育人价值。

由此可见，"天宫课堂"的意义，不只是简单地上一堂科学课，让学生看到科学的神奇，还要激发学生想象力，激励学生独立思考、举一反三、小心求证、不怕失败，使科学精神的种子深植于他们内心。从这个角度看，"天宫课堂"在满满的科学元素之外，更是一堂展现祖国科技创新、感悟伟大航天精神、增进民族自信的德育课。

当下，我国已开启全面建设社会主义现代化国家新征程，科技创新在党和国家发展全局中具有十分重要的地位和作用。而全面提升自主创新能力，需要从娃娃抓起，从引导青少年爱上科学、提高青少年科学素养开始，从上好每一节科学课做起。这方面，党和国家实际上非常重视。例如，2021年6月，国务院印发了《全民科学素质行动规划纲要（2021—2035年）》，提出在"十四五"时期实施青少年科学素质提升行动，激发青少年好奇心和想象力，增强科学兴趣、创新意识和创新能力，培育一大批具备科学家潜质的青少年群体，为加快建设科技强国夯实人才基础。

打造学生喜欢的好的科学课，各地教育行政部门应积极做好校内外科学教育资源的有效衔接，引导中小学充分利用科技馆、博物馆、科普教育基地等科普场所，广泛开展各类学习实践活动；组织高校、科研机构、医疗卫生机构、企业等开发开放优质的科学教育活动和资源，鼓励支持科学家、工程师、医疗卫生人员等科技工作者走进校园。学校层面则要做好课程设计，注重培养学生的科学精神，在课程和活动中激发学生的科学家之梦。例如，以"天宫课堂"为契机，学校可以将航天员提出的问题作为课外作业，鼓励学生去自主探究；可以用问卷调查的方式收集学生的"科学之问"，请专家予以回答，或者进行主题式探究；可以在固定时段开展科技节、科学营、大师讲堂等科学教育活动，将科学活动与地域特色、学校文化、德育活动等巧妙结合在一起。

科学普及意义非凡，任重而道远。家校社携手努力，让科普课成为青少年心中最难忘的一课，越来越多的年轻一代才会爱上科学，才会传承老一辈科学家追求真理、创新奉献、胸怀祖国的精神，走向星辰大海、探索宇宙奥秘，成为科技强国的中坚力量。

《中国教育报》2022年10月25日

双线并行落实艺术课程综合育人效果

北京教育科学研究院课程中心副主任、研究员·王凯

据新华社报道，近日，伴随着《义务教育艺术课程标准（2022年版）》正式"上线"，不少学生发现艺术课变了。过去只有音乐课和美术课，现在新增了舞蹈、戏剧、影视，而且可以自选。其实，舞蹈等"新三科"的增设只是此次艺术课程标准修订的变化之一，除此之外还有诸多重要调整。对于广大艺术教育工作者而言，如何正确认识并扎实落实新课改后的艺术课标，达到艺术课程的综合育人效果，是需要作出回应的现实问题。若尝试对此问题予以回应，笔者认为，需要理念认识与实践操作双线并行。

先说理念认识。修订后的艺术课程进一步凸显了育人性、增容性、综合性、整合性、实践性和文化性。对于艺术教育工作者来说，正确理解其中的增容性和整合性是理念认识的关键。

所谓增容性，可以从两个层面理解。一是艺术课程增课扩容。以往的音乐和美术是义务教育阶段艺术教育的主要内容和基本形式，2001年和2011年两次课标修订中，在原有音乐课程和美术课程的基础上增设了艺术课程。2022年新课标将艺术课程由原来的并行三科变为融合五科，形成了包括音乐、美术、舞蹈、戏剧（含戏曲）和影视（含数字媒体艺术）五个学科，以艺术实践为基础，以学习任务为抓手，有机整合、内在衔接的一体化内容体系。二是增容性背后的艺术课程结构重组。上一版课标为艺术课程提供了"分科""综合"两种外部选择，但在具体落实中，绝大多数地域、学校都选择了更容易落地的音乐、美术"分科"。而此次"新三科"的增设，形成了艺术课程的一体化设计，在课程内部建立了"综合＋分科"的新基本结构。

艺术课程五个方面的课程内容在"综合＋分科"结构的基础上，可以在学生的艺术实践应用中进行交叉与整合，更好地体现了艺术课程的综合育人价值。

整合性与艺术课程的结构重组一脉相承，可以说正是因为艺术课程当前的结构设计与内容安排，才使得整合成为必然。从结构上看，第二阶段倡导有机融入、增强整合性；从内容上看，比如第二学段的音乐目标中提出"对音乐与姊妹艺术、其他学科，以及个人、自然、生活、社会、科技的联系有初步的了解"。戏剧要求采取多种方式进行编演创作训练，建议编演短剧内容从学生课内外阅读中选择，如对语文、英语教材中的散文、小说进行短剧改编等。影视则鼓励学生选择红色影片，观影并完成读后感，帮助学生建立影视与历史的联系。

再说实践操作。师资、教学和资源是艺术课程实践落地所面临的三个主要困难。笔者认为，可以在理念认识澄清的基础上，通过如下方式逐步解决：一是推进学校层面艺术课程的整体性落实设计。当前的艺术课程类似课程群结构，这种结构带有松散性。避免音乐、美术、舞蹈、戏剧、影视各行其道，就要基于学校实际进行整体性设计。如《北京市义务教育课程实施办法》中提出，各学校要尝试"构建以艺术课程为主体的美育一体化课程体系"。二是多路径落实体现综合育人价值。可以尝试独立课型、学科关联、学科渗透、学科整合、艺术社团等多种路径。一方面以艺术学科为主体，加强与其他艺术形式的融合；另一方面要重视艺术与其他学科的联系，充分发挥协同育人功能，还要注重艺术与自然、生活、社会、科技的关联，从中汲取丰富的审美教育元素，并内化为儿童的素养发展。三是多管齐下着力解决好艺术师资问题。从切实发挥艺术课程综合育人功能来看，可以尝试从"关注三种能力、建立四级培训、拓展五种渠道"进行突破。"三种能力"指教师需要具备艺术学科的知识和技能储备、跨学科思维与视野以及综合性艺术活动设计实施能力；"四级培训"指国家、省市、地区以及学校层面培训体系；"五种渠道"指学校补充新艺术教师、校外文艺工作者兼任艺术教师、艺术专业大学生支教、少年宫等校外教育机构美育教师代课以及通过购买服务引导专业机构教师提供艺术教育支持。

《中国教育报》2022 年 9 月 20 日

上好综合实践活动课，呼唤课程领导力

北京教育科学研究院综合实践活动教研员·刘玲

综合实践活动课是实践育人的重要渠道。前不久教育部印发的《义务教育课程方案和课程标准（2022 年版）》进一步细化了综合实践活动课程实施要求，提出了跨学科主题学习活动的概念，为综合实践活动课程的实施指明了方向。综合实践活动课程的发展进入了新时期，受到更广泛的关注。

教育部在 2017 年颁布了《中小学综合实践活动课程指导纲要》，对综合实践活动课程的性质、目标、内容选择与实施方式等作出了具体的规定，成为学校开发和实施综合实践活动课程的重要纲领。今年新颁布的《义务教育课程方案和课程标准（2022 年版）》中，又对综合实践活动课提出了若干重要规定：一是再次强调将综合实践活动课的起始年级提前至一年级。鼓励将小学一至二年级道德与法治、劳动、综合实践活动，以及班队活动、地方课程、校本课程等相关内容整合实施。二是将劳动、信息科技从综合实践活动课程中独立出来。综合实践活动侧重跨学科研究性学习和社会实践。三是在各门课程中设立跨学科主题学习。要求统筹各门课程跨学科主题学习和综合实践活动安排。注重统一规范与因校制宜相结合，统筹校内外教育教学资源，将理念、原则要求转化为具体育人实践活动。

新课标背景之下，如何落实综合实践活动课要求？怎么理解这门"跨学科实践性课程"的具体要求？学校又该如何发挥好这门课程独特的育人功能？学校的课程领导力是关键。

要践行"知行合一"的育人理念。"知"与"行"的关系一直是我国古代哲学的重要命题。综合实践活动课重"行",强调学生的直接体验和身体力行,但并不偏废"知",且有着自己独特的知识要求。它注重引导学生主动运用各门学科知识分析解决实际问题,使学科知识在综合实践活动中得到延伸、综合、重组与提升。这个过程本身就是知行相融、合一的过程,这是理解综合实践活动课之独特功能的要义所在。

要充分认识综合实践活动的四个育人目标。《中小学综合实践活动课程指导纲要》中明确了综合实践活动课程的目标:价值体认、责任担当、问题解决、创意物化。这四个目标是以素养为导向的,从四个角度体现了这门课程所要培养的一个完整的人的画像。综合实践活动的四个课程目标可以理解为"志""仁""勇""智"的有机融合。具体而言,价值体认是要立"志",立下志向、理想信念;责任担当强调"勇"和"仁",讲的是培养学生对生活责任的果断勇气以及由己及人的仁爱之心;问题解决和创意物化侧重在"智",要引导学生善于分析问题,懂得选择方法、审慎处理问题和明智解决问题。

要做好主题活动的统筹设计。综合实践活动没有指定的"教材",具体内容是由地方指导和管理、由学校开发的。这就为学校根据自己的办学特色、育人目标、地域资源等实际情况实施综合实践活动课开辟出了一片"自留地"。学校和教师可以根据课程目标,基于学生发展的实际需求,自主设计活动主题和具体内容。在整体统筹各年级主题活动的基础上,还要对主题进行周密分析,如思考实施周期、安排可用的资源等。

要将主题活动目标具体化,分析主题独有的育人价值。还可以鼓励各班选择各自的研究主题,各班可以各有侧重,班内也可以再分组。实施的过程应该运用包括考察探究、社会服务、设计制作、职业体验等各种学生喜闻乐见的方式,可能会用到多种实践方式的排列组合,而且要根据各学科本身的特点或者跨学科的特点有所差异。主题活动要注重活动过程的写实记录。记录活动中学生知识的增长、方法的习得、经验的积累、情感的深化等,以及学科知识在实践活动中是怎样延伸、综合、重组与提升的。

要建立相应的教学管理制度。"项目"需要组建团队,学科教师、校外专业人员、家长等都可能参与进来。因此学校需要建立与之适应的新型的教学管理制度，增加教学管理的弹性，如建立主题活动筛选及论证制度、多学科教师协作教研制度、教师课内外教学指导管理制度、学生实践学习的管理制度等，以更好地与跨学科学习的要求相匹配，保证综合实践活动的有效实施。

《中国教育报》2022 年 9 月 16 日

统筹设计让综合实践更好育人

本报记者·刘钰

据《长沙晚报》报道，进入暑假后，不少中小学生家长开始为孩子的社会实践焦虑，有的甚至不惜找关系、掷重金，热衷于"收集"盖章，帮孩子走过场。回顾近年来的媒体报道，这个问题年年被关注，甚至成了见怪不怪的现象。这究竟是家长和孩子不走心，还是实践本身设计不合理？

现实中，盖章敷衍的家长和孩子可能各有原因。学校下发的"假期回社区报到考评表"不能不完成，但真正去了社区才发现，对方一头雾水，对实践任务不了解、不支持。一些地区给学生提供了可选的实践项目，但形式较为单一。打扫卫生、听讲座、做简易手工等"老三样"，让学生兴味索然。还有一些家长忙于工作，只重视孩子学业成绩，认为实践走走过场就可以。种种现实之下，出现为完成实践任务而"收集"盖章的现象，也就不足为奇了。

近年来，为了培养符合时代需求的人才，我国教育改革力度很大。2017年，教育部印发的《中小学综合实践活动课程指导纲要》指出，综合实践活动是国家义务教育和普通高中课程方案规定的必修课程，与学科课程并列设置，是基础教育课程体系的重要组成部分。在此背景下，各地各校重视并加大对中小学生参与综合实践活动的考核力度，并不断改革评价方式。

对中央出台的教育文件和改革要求，不能照搬照抄、做样子。综合实践活动的意义并不是为了挣几个学分，而是构建学习的第二课堂，帮助学生发现课本之外的广阔天地，将自己所学与时代发展相连接。如果只停留于给学生布置一些空洞的实践任务，下发一些督促性的考评表，而没有系统的资源支持，那么假期实践很容易沦为走过场，久而久之，将不利于学生综合发展，影响课程改革质量。但这个问题的解决，不应苛责家长和学生不走心，还要以顶层设计的思维去破解。

学校是做好顶层设计的第一责任人，这意味着学校要改变育人观念和方式，不能只盯着学生学业成绩，"放羊式"摊派实践任务。指导学生开展好假期实践，要基于教育改革的趋势和理念，有系统规划和设计。每所学校所处的地区不同，可利用的资源差异很大，学生的兴趣个性也千差万别。假期实践不同于在校期间的综合实践活动，学生的灵活性、自主性更强，对实践活动的趣味性、主题性要求更高。学校要以指导学生开展假期实践为契机，以课程研发思维做好顶层设计。具体地说，就是侧重假期实践的跨学科、趣味性，帮助学生做好假期实践的前期规划设计、中期参与体验、后期总结反思。同时，学校还要有意识地凝聚家校共识，用好家长资源，让家长意识到综合实践活动的重要性。

综合实践活动内容丰富，涵盖范围广。一些学生应付假期实践，原因在于可供选择的资源太少，体会不到实践的价值和意义。在资源整合上，学校和家庭能做的毕竟有限。因此，在区域层面，市级、县级教育行政部门要因地制宜地发挥好统筹协调作用，盘活利用相关资源，如通过搭建中小学生综合实践资源平台，为中小学生提供便捷可选的菜单式综合实践活动项目。需要注意的是，这个平台并不是摆设，要有实实在在的内容，成为各种资源聚合的平台。高校、非学科类校外培训机构、公益机构、博物馆和文化馆等文化单位都可为其赋能，让学生在此发现科学实践、职业体验、公益服务等一系列有趣的实践资源。

另外，教育行政部门在顶层设计时，除了增强实践活动的趣味性，还要重视实践活动的组织实施效果，把好质量关。可借助互联网平台，做好实践活动的满意度调查反馈。对开展效果较好的项目，给予相关组织者、教师以一定的物质或精神奖励；对满意度较低的项目，要调查分析原因，必要时进行动态调整。

综合实践活动要注重学生的主动实践和开放生成。学校和教育行政部门应定期向家长征求意见，开展综合实践专题调研，总结好的创意想法和实践成果，并将其转化利用，不断丰富实践活动的形式与内容。

假期综合实践活动很有意义，不能轻视对待、糊弄了之。如果能在顶层设计上多下功夫，相信孩子可以更好地与自然为友、发现大千世界、观察人情百态、接受思想洗礼、明确人生志向，而不是在匆匆应付中虚度宝贵时光。

《中国教育报》2022 年 7 月 22 日

小学生"论文答辩"须坚持儿童视角

湖南省教育科学研究院教研员·何宗焕

　　据云南网报道，7月3日，云南省昆明市某小学举办的一场小学生毕业"论文答辩"，吸引了不少家长的目光。据学校介绍，"论文答辩"秉持在体验中学习、在实践中运用、在迁移中创新的学习理念，倡导学生围绕真情实境参与探究分析，培养解决问题的能力和批判性思维。

　　让小学毕业生搞"论文答辩"，确实别出心裁，似乎不宜简单地用赞成和反对来判断评价。毕竟以创新的方式开展教育教学活动，是值得鼓励的，尤其是家长，面对这种新颖独特的校园活动，没有理由不激动、不期待。但站在教育的专业立场上，在投下赞成或反对票之前，有必要仔细考察，认真思索。

　　从小学生身心发展、心智成熟的普遍规律来看，小学生的认知能力和知识储备显然还撑不起一场逻辑严密的专业论文答辩，或许将其看作一次体验或一场游戏更合适。虽然我们不能小看小学生的认知水平和知识视野，但从教育规律来看，我们宁愿看到小学生像《红楼梦》中史湘云的丫鬟翠缕探讨阴阳时的"瞎掰"，那种幼稚的"深刻"和无知的"认真"符合其身份，让人忍俊不禁。学校强调小学生的答辩不在于其论点高深和文采斐然，而在于培养其兴趣，但真正实施起来，尺度的把握并不容易。如果教师和家长为了让答辩更精彩、更专业而暗中代劳，答辩活动就有拔苗助长的风险。

　　学校举办小学生"论文答辩"，其本意和初衷应该不是要制作一个吸引眼球的噱头，但挡不住网络的关注和家长的期待，稍有不慎，活动开展就有可能"走了样"。说到底，小学生毕业"论文答辩"好不好，是不是有意义，还是要让小学生来体验、来评判，他们才最有发言权。如果学生觉得有趣，让单调的课堂多一些活泼的色彩，这样的活动未尝不可；如果他们觉得自己被刻意包装，没了乐趣，徒增负担，则应该给他们放弃的权利。

学校对小学生"论文答辩"切不可过度"用心"，学校和教师投入过多，很可能适得其反。本来这不过是个教育小活动，给学生一种新奇的体验而已，一旦学校用力过大，大费周章，就有可能加重学生负担。若剑走偏锋，在辩题上钻牛角尖，在辩词上大费周章，弄成一种小大人腔调，则适得其反。

小学生的课堂创新不必刻意求新，一切教育活动、教学行为须尊重儿童身心特征，用儿童的方式思考、做事。儿童爱玩、爱游戏，成人的言论、目光、评价，对他们来说可能是束缚和压力。如果强行把儿童的行为方式和思维模式纳入成人轨道，这对儿童来说不啻于一场灾难。小学生"论文答辩"，好的方式是让他们自己做主、自主设计、自主组织。如果答辩的是学生，提问的也是学生，教师退到幕后，以欣赏的姿态去观察、去发现、去引导，也许更加合适。

《中国教育报》2022 年 7 月 7 日

以课程标准引领劳动教育高质量发展

中国教育科学研究院研究员·王晓燕

最新颁布的《义务教育劳动课程标准（2022年版）》，确立了新时代劳动教育的独立育人属性，及时填补了我国劳动教育教学缺少课程标准的空白，体现了国家意志和中华民族基本价值观，标志着中国特色劳动教育正式进入以课程标准引领高质量发展的新阶段。

注重课程育人导向，以课程标准引领高质量发展。课程标准是人才培养的基本依据，在落实立德树人根本任务、培根铸魂、启智增慧、保障教育质量方面发挥着关键作用。劳动教育是中国特色社会主义教育制度的重要内容，直接决定社会主义建设者和接班人的劳动精神面貌、劳动价值取向和劳动技能水平。义务教育劳动课程标准立足劳动教育的独特育人属性，强化课程育人导向，体现了劳动教育的课程性质，反映了先进的课程理念，确立了翔实的课程目标，突出了以课程标准引领劳动教育高质量发展的鲜明导向。

没有标准就没有质量保障，课程标准直接决定劳动教育的育人质量。《义务教育劳动课程标准（2022年版）》包括课程性质、课程理念、课程目标、课程内容、劳动素养要求以及课程实施六部分内容。各部分内容有机衔接，系统设计，对义务教育劳动课程的总目标、各学段目标、劳动项目开发、劳动过程指导、课程评价、教学研究与教师专业发展等都提出了明确规定、具体建议和可操作的细化指导。在劳动课程标准的引领下，学校与家庭、社区协同开展劳动教育就有了统一的教育目标、规范的教育内容、有序的实施路径与科学的评价方法。

聚焦劳动素养要求，培养全面发展的时代新人。当前，新一轮科技革命和产业变革突飞猛进，全面加强新时代劳动教育面临新要求、新挑战。义务教育劳动课程标准坚持与时俱进，聚焦学生知行合一、全面发展的劳动素养要求，依据劳动课程理念，注重挖掘劳动在树德、增智、强体、育美等方面的育人价值，围绕学科核心素养所指涉的正确价值观、必备品格和关键能力，确定了劳动观念、劳动能力、劳动习惯和品质、劳动精神四个方面的劳动素养要求，系统构建了学生在完成阶段性劳动课程学习后需要达成的素养表现。

聚焦劳动素养要求，以任务群为基本单元，充分体现了劳动教育的思想性、时代性和实践性。一是让学生通过劳动课程形成劳动效率意识、劳动质量意识，树立正确的劳动观念。二是让学生通过劳动课程发展初步的筹划思维，形成必备的劳动能力。三是让学生通过劳动课程养成良好的劳动习惯，塑造基本的劳动品质。四是让学生通过劳动课程培育积极的劳动精神，弘扬劳模精神和工匠精神。这四个方面的劳动素养要求相互联系、相辅相成，构成了一个有机整体。

强化课程实施管理，确保劳动教育取得实效。课程实施是让劳动教育真实发生、让劳动教育高质量落地落实的重要环节。鉴于劳动教育在一些学校中被弱化、在某些家庭中被软化、在个别地方被淡化的现象，义务教育劳动课程标准在细化各学段劳动课程目标、内容、任务群、劳动素养要求的基础上，特别强化了课程实施，从劳动项目开发、劳动过程指导、劳动周设置，到课程评价以及劳动教学研究与教师专业发展等方面都提出了具体的实施建议，以确保课程的常态化、规范化和有效化实施。

劳动课程标准要落地，激发学生参与劳动的主动性、积极性和创造性，必须强化劳动课程实施管理，进一步明确课程实施目标管理、项目管理，丰富课程实施内容，强化过程指导，拓展课程资源开发与利用，注重课程实施效果评价，充实课程实施师资力量，确保新时代劳动教育在课程标准的引领下开启高质量发展新征程。

《中国教育报》2022 年 6 月 22 日

用好大数据，推动教学积极变革

首都师范大学教育学院教授·方海光

目前，我国进入了全面推进教育数字化转型的时期。所谓教育数字化转型，不仅仅指教育活动从物理世界进入数字世界阶段，还指通过数字世界的特性（如大数据、人工智能、元宇宙等）重构教与学的过程，也就是形成数据赋能教与学的教育新生态。

《论语》中，孔子主张的因材施教，就是主张对学生有全面深入的了解，并精准把握学生各方面特点，这样才能有针对性地进行教学。当前，因材施教是从大量复杂的数据中准确分析现状、挖掘规律和预测趋势。数据在教育教学中的应用不仅可以拓展学生学习的方式，还可以通过深入挖掘课堂教学规律，满足学生的个性化学习需求，促进教学评价变革。

用好数据，赋能教师精准教学。首先，数据可以用折线图等图表呈现学生的知识掌握情况，改变教师以往以提问和观察的方式判断学生答题的情况。通过对学生答题情况进行数据统计与分析，教师可精准了解学生的薄弱知识点，采取针对性措施进行辅导。其次，数据可以进行学情分析，挖掘学习过程和学习效果背后的问题及原因，从而改变以往教学中依据教师自身教学经验来推测学生的知识掌握情况的做法。数据使教学分析变得科学有效：生成学习分析报告，以直观的图表呈现学生的知识学习状况，帮助教师为学生精准定制个性化学习内容。最后，数据可以提供针对性的教学服务。比如，数据从题目难度、学生正确率、教师教学经验、学科知识特点等方面综合评判学生出现错误的原因。教师可以通过加强理解、提高技能、培养兴趣、创新思维等手段，解决学生的学习困惑，赋能课堂教学精准高效。

用好数据，赋能学生个性化学习。数据可以清晰地呈现学生自主学习的变化规律，学生可根据自身实际情况和学习需求，随时调整措施和策略。比如，一个暑期班的女孩学得很慢，成绩垫底，但到课程结束时她的数学成绩排名靠前。学习记录显示，她曾长时间在某一个学习环节徘徊，而一旦掌握了这个核心概念后，她的成绩便开始突飞猛进。数据还可以通过收集、分析学习过程中的信息，归纳出学生的学习规律。教师可以依据这些教与学的规律，预测特定事件的发生并提前采取措施。比如，通过数据分析发现，学生在学习新概念、新原理时难以应用迁移，此时教师可及时提供概念、方法等方面的练习题，为学生提供知识应用的内容。

用好数据，赋能评价变革。教学评价是对教学活动现实或潜在的效果、价值进行判断的过程。教育数字化转型的数据可赋能评价变革，产生三个方面的积极影响，值得教育工作者关注。第一，可扩大教育评价的范围。教育教学活动中不仅有学生、教师，还包含课程、学校等对教学效果产生影响的多种因素，而数据具备评价这些因素的功能。第二，有利于反思对成绩的片面追求。对书面测试成绩的简单分析，难以客观反映学生的知识掌握情况，对于教师而言，无法准确判断学生的真实学习状态。而利用数据可以关注学习过程中学生的表现，从知识与技能、过程与方法、情感态度与价值观等多维度进行综合评价。第三，有助于形成发展性教育评价观。发展性教育评价观指基于培养目标确定实施过程中明确具体的阶段性目标，并促进评价对象达成培养目标，强调以评价对象，包括教师、学生等的主动性、发现性为评价目标。数据可以实现对评价阶段和评价对象的跟踪、分析，实现发展性的教育评价。

教育数字化转型的数据从整体上赋能教与学变革，更将转变教育评价核心和拓展教育评价范围，为学习模式的深刻转变提供支撑，也会使教育评价变得更加全面、客观。因此，把握好教育数字化转型过程中的数据赋能价值意义重大，有利于实现新时代的教育改革，构筑高质量的教育体系。

《中国教育报》2022 年 5 月 27 日

"天宫课堂"是科学教育的生动实践

本报记者·刘钰

    所有梦想的萌发，都可能来自生命体验中一次微小的触动。"天宫课堂"给许多青少年带来了这样的感受。这堂跨越浩瀚宇宙的太空科普课，已经是中国空间站的第二次太空授课活动。来自神舟十三号的"太空教师"翟志刚、王亚平、叶光富，用一系列有趣的太空小实验吸引着无数青少年的目光，在他们心中播撒下科学的种子。

    青少年是国家科技创新人才的后备力量。一个国家的崛起，从青少年热爱科学开始。研究表明，儿童早期对科学的兴趣，对后续学习以及是否从事科学领域工作有重要作用。2020年，我国公民具备科学素质的比例达到10.56%，但总体水平依然偏低，提升青少年群体的科学素质任重道远。当我们为"天宫课堂"的精彩连连点赞时，教育工作者、科普工作者和家长应该思考得更深远：堪称科普示范课的"天宫课堂"，其精神内核是什么？能给科普和科学教育工作带来哪些灵感？

    如果我们想让更多的青少年拥有创新能力、科学梦想，科普和科学教育就一定要"下沉"。这一方面意味着我们要有意识地让科学走下"神坛"，揭开科学神秘的面纱；另一方面要善用互联网等工具，打破时空距离，让优质的科教资源"飞入寻常百姓家"。

    "天宫课堂"是科普"下沉"的生动实践，在以上两个方面有着很强的示范意义。"'冰墩墩'被抛出，沿着原有方向匀速前进""水在表面张力的作用下将两个塑料板连接起来"……在约45分钟的授课中，三位航天员动手操作太空抛物、液桥演示等一系列生动有趣的实验，激发了青少年对科学原理的思考。特别是"冰墩墩"的出现，放大了科学实验的趣味性，瞬间拉近了青少年与科学的距离。而借助中国卫星跟踪与数据中继传输系统等技术力量的加持，高大上的"天宫课堂"得以跨越星辰大海，飞进每间教室、每个家庭，与地处天南地北的青少年亲切互动。

一定程度上，科学是"玩"出来的，很难靠"刷题"刷出来。科学教育水平的提高不可能一蹴而就，与国家科技发展程度、教育整体质量等因素环环相扣。过去一段时间，在一些地方，青少年所接受的科普教育还比较有限，科学教育重理论轻实践的问题还一直存在。不少学校看重对个别优秀学生的培养，忽略了对大多数学生科学兴趣的激发。再加上受应试教学模式的影响，学生往往缺少对科研方法的了解，如此一来，被置于"神坛"的科学就像披着一层面纱，高高在上。要知道，牛顿定律不只是几组公式，万有引力也不只是书上的名词，青少年需要在日常生活中或亲切可感的场景中，观察与思考有趣的现象，并通过动手操作一窥其中的奥妙。如此，科学才能走进青少年的内心，这也正是"天宫课堂"坚持的基本原则。

脚踏实地不断尝试，在失败中探索前进，是科学精神的重要内涵，也是很多科学家传奇故事中最动人的地方。一个人可以不做科学家，却不能没有科学精神。面对未来社会对高素质人才的需求，有科学素养、科学思维，才会更好地怀有创造精神去完成各类工作，这也是科普和科学教育的重要价值。"享受"科学探索中的失败，是科学教育中的必修课，也是摘掉科学高冷标签的好办法。在"天宫课堂"的太空浮力实验环节，王亚平就遇到了"难题"，并向地面课堂的学生们"求助"。这个互动探究、共同进步的设计格外珍贵，体现了科学精神的内涵，应成为科普和科学教育中的基本要素。

"天宫课堂"利用科技的力量，让科普"下沉"的做法值得长期坚持。目前，优质教育资源在城乡、区域分布不均衡的问题仍普遍存在，特别是科学教育的硬件资源、教师资源在不同地区还有一定差距。各类科普教育基地也多集中在省会城市，三、四线城市特别是边远农村地区，场景式、体验式、互动式、探究式科普教育实践活动尚显不足。因此，在推动科普资源均衡发展的过程中，要探索建立覆盖中小学的教育平台，让不同区域都可以共享优质教育资源。在提升硬件支撑的同时，探索教育人才援助计划，鼓励科学家、科普工作者进校园，并加大对相对落后地区科学教师的培训力度。对于科普教育基地比较缺乏的地区，相关部门要利用好科普大篷车等重要活动载体，帮助青少年在家门口感受科技的魅力。

共赴星辰大海不是神话，无论是身处繁华喧闹的都市，还是偏远寂静的乡村，每个青少年都拥有仰望浩瀚星空的权利，都是实现中华民族伟大复兴的重要力量。把科普做得更接地气，把科学教育做得更加扎实，青少年奔跑的步伐才会更加有力。

《中国教育报》2022 年 3 月 29 日

探索符合国情的中小学性教育课

科普工作者·张田勘

今年全国"两会"期间，如何在校园中开展性教育成为代表委员关注的焦点。越来越多的人认识到，性教育必须从孩子抓起，性教育课程要走进中小学课堂。不过，给孩子听的性教育课到底该怎么上，需要科学的设计。

目前，没有统一教材、专业队伍，使得对小学生的性教育左右为难，具体体现在对孩子的性教育要讲到什么程度，对不同年龄、不同性别的学生该如何区分授课内容和方式等。

对孩子进行性教育不只是在中国，在全世界都是一个在不断探索的课题。因此，可以有一个大致的原则，在探索中进行儿童性教育，摸着石头过河，不断积累经验，从而推进、改善，并最终完善性教育。无论是编写教材还是培养专业师资队伍，都是如此。

性教育如果有全国统一的教材，当然可以，但各地也要结合当地的社会、经济和文化发展情况与特点编写教材。北京和上海早已作出了有益的尝试。2011 年，北京和上海分别公布了小学生性教育试点教材《成长的脚步》和《男孩女孩》。尽管从公开课情况来看，各方评价不错，但也有批评的声音。

上海的《男孩女孩》教材中包含了很多对小学生性教育的较好内容和方式。这本教材包含生命和自我的认知、生理健康教学、男女性别知识、爱和伦理教学以及预防外部侵害的教学等，并以卡通、插图的形式呈现。此外，授课教师根据学生的特点进行授课，让小学生在男孩和女孩的身体轮廓图上贴红绿标签，以此让学生明白哪些是隐私部位。北京的《成长的脚步》更是突破了一些传统性教育的内容，如在《我是从哪里来的》一课中，就大胆地加入了性交概念。同时，教材的每一页都有与文字匹配的插图。

遗憾的是，尽管有专家认为上海的课程活泼，但上海却没有全市推广的计划，而是执行"成熟一个，推一个，不仓促上马"的政策。北京的《成长的脚步》试用后，尽管大部分网友支持，但也有人批评。为此，北京教育部门也表示，不会要求学校为性健康教育开设专门课程，而是鼓励各学校把性健康教育的理念、方法渗透到各学科教学中。同时，《成长的脚步》经过完善、修改后，未来有望在全市小学推广。

北京、上海的文化、经济和科技都相对领先于国内其他城市，对孩子的性教育课尚且要摸着石头过河，其他地方也必然要经历这样的过程，而非一蹴而就。这也提出了另一个问题：对孩子的性教育是不是可以借鉴国外的有益做法，包括教材和授课方式。

被认为是世界性教育典范的瑞典性教育（亦称避孕教育）就值得借鉴。瑞典自1933年开展性教育，从1942年开始对7岁以上的儿童少年进行性教育。内容是在小学传授妊娠与生育知识，在中学讲授生理与身体机能知识，到大学则把重点放在恋爱、避孕与人际关系处理上。方式是教师采用启发式、参与式和游戏式的教学方法。1966年，瑞典又通过电视实施性教育，避免家长难以启齿谈性。多年来瑞典性教育取得了显著成效，20岁以下女孩怀孕生育的情况几乎没有，堕胎率很低，性病（包括艾滋病）和性犯罪比例也在不断下降。但是，西方文化与东方文化有差异。中国文化和国人的性格特点决定了人们内敛、谨慎、羞于谈性，因此需要根据国情对孩子进行性教育。同属于东方文化的韩国值得我们借鉴一下。韩国小学一年级性教育图书《帮帮我，洗衣奶奶》是以童话的形式进行性教育，主要内容是教育孩子对付性暴力和保护自己，同时性教育的内容也包括男女身体的变化和区别、青春期、性暴力预防、怀孕等。

当然，性教育教材未必就要全国或全省全市统一，不同的学校可以有不同的教材和做法。例如，英国用于幼儿和小学生的性教育教材并不是官方统一制定，而是学校自行选择。这些教材中不乏尺度较大的内容。其实，这不过是一种尝试，如果有反馈，则可以进行修改和完善。

至于对孩子进行性教育的专业教师，其实可由各学校的通识课教师担任，但需要对他们进行一些生理和生物学知识的培训。性教育课程走进中小学课堂，需要从教材、教学方式和教师等方面进行探索，逐步完善，这样才能磨合并构建出既符合中国国情又行之有效的性教育体系。

《中国教育报》2022 年 3 月 17 日

教改重在改观念

教育部教育发展研究中心主任·彭斌柏

教育要发展，根本靠改革。这是改革开放 40 多年来被实践证明了的教育发展的成功经验，甚至可以说是一条基本规律。最近几年，教育改革举措更是密集出台，全社会对此高度关注：基础教育学校"公民同招"、探索"三点半"课后服务、开展校外培训机构治理、推动职业教育类型发展、试点高职本科、稳步推进高考改革、加快"双一流"建设、破除 SCI 至上、改革教育评价⋯⋯涉及领域之广前所未有，推动力度之大前所未有，牵动利益调整之深前所未有。

为什么在始终不断改革的教育领域还会密集出台如此之广、之大、之深的改革举措？原因是多样的，也是复杂的。但有一条是很清晰的，就是在这些改革的领域，其发展方式、发展模式到了非改不可的地步，而背后真正的原因则反映出了教育发展观念需要调整甚至需要改革。教育改革千头万绪，改革观念居于首位。观念是认识论，观念是方法论。正确的观念有利于在正确的时间做正确的事情。观念决定思路，思路决定出路。观念对，柳暗花明，创造新境界；观念错，山重水复，难以突重围。

习近平总书记多次强调"新发展理念"，在《关于〈中共中央关于制定国民经济和社会发展第十四个五年规划和二○三五年远景目标的建议〉的说明》中五处提到"新发展理念"，他明确指出："必须强调的是，新时代新阶段的发展必须贯彻新发展理念，必须是高质量发展""以推动高质量发展为主题，必须坚定不移贯彻新发展理念"。这就表明，处在新发展阶段的中国教育，必须以习近平新时代中国特色社会主义思想为指导，以习近平总书记关于教育的重要论述为根本遵循，以新发展理念来推进教育改革。

改革教育观念很难，但不是难到不可改。观念是人们在实践当中形成的各种认识的集合体，它是人在改造客观世界中产生的能动的反映。教育观念有其自身属性，但也同时具备任何观念具有的主观性、实践性、历史性和发展性等特点。

第一，教育观念既是教育实践的产物，也对教育实践产生影响，来源于教育实践，又指导、影响教育实践。但教育实践的结果往往有长期和短期之分、有显性和隐性之别。教育实践结果的长期性表现就是百年树人，一代教育的好坏往往在二三十年之后才能显现出来。人生有涯但学海无涯，在一个追求实际甚至急功近利的社会，"一考定终身"的教育实践，自然引导人们向往一夜成名效应，迫使教育也追求速成，甚至偏离了正确的发展轨道，从而背离了教育初心。如何平衡教育的长期效益和短期收获，需要一种科学、理性的教育观念来指导。

第二，教育观念是历史形成的，具有一定的稳定性甚至是惰性。历史形成的教育观念，有的在现今条件下依然发挥着积极的作用，而有的却阻碍着今天教育的发展。所以必须改变那些阻碍今天教育发展的陈旧的教育观念。

第三，教育观念不是一成不变的。随着社会的发展，教育观念也在调整。我们既有"万般皆下品，唯有读书高"的教育观念的禁锢，也有"三百六十行，行行出状元"的教育倡导。教育观念的历史性让我们领略到改革教育观念的难度，但教育观念的发展性也让我们看到改革教育观念的可能。

第四，教育的改革和发展，既涉及公共服务的主要提供者——政府，也涉及教育产品的使用者——社会，既涉及教育的生产者——学校，也涉及教育的接受者——学生，因此，教育观念的改变，需要四者同时进行，单一主体观念的改变难以对教育改革产生系统的影响，这也是教育改革复杂之处。因此，在全面加强党对教育工作的领导、坚定不移走中国特色社会主义教育发展道路的前提下，改革教育观念，政府、社会、学校、家庭必须同时发力，缺一不可。

政府要牢固树立发展教育是政府基本公共职责的观念。大力发展教育，提供充足的教育机会，全面提高教育公共服务质量，满足人民群众日益增长的对优质教育的需求，是现代政府的一项重要职责，责无旁贷。要牢固树立人力资源是第一资源的观念。我们正处于科学革命、技术革命和产业革命的时代，市场竞争日趋复杂、激烈，整个社会处于一种加速发展的状态。一系列高新技术的出现，使得21世纪已经由一个"财富源于物质资源"的时代变成"财富源于人力资源"的新时代。在这种根本性的变化之中，谁找到了人力资源开发的捷径，谁将真正掌握战略主动权。而实践证明，对人力资源的开发，教育是一个极其重要的环节和主要途径。要牢固树立教育不仅是国计，也是民生的观念。教育不仅成为推动社会前进的基本动力，也是重要的民生问题。一个负责任的现代政府要像抓就业、抓社会保障、抓医疗卫生、抓住房保障一样来抓教育。要牢固树立办教育是优化发展环境的观念。教育使一个地区充满活力，软实力得到提升，有利于政府引导社会发展、增强发展后劲、提高地区综合竞争力、提升地区吸引力。

社会是教育赖以健康发展的土壤，全社会都要尊师重教，关心教育、支持教育，营造教育发展的良好氛围。要树立正确、多元的成才观。要以一种更加开放的心态和柔性的标准来看待各种各样的人才：人无全才、人人有才、扬长避短、人人成才，只有这样才能形成人才辈出的社会基础。要树立正确、科学的择人观。"试玉要烧三日满，辨材须待七年期。"选择一个人，首先应该看他的专业、能力是否适合岗位需要，而不是只追求学历的高层次，从而克服直至消除目前社会上形成的不正确的简单的人才高消费现象。要树立正确、辩证的动力观。社会的进步、企业的发展，根本的动力之一是人才素质的提高、科学技术的进步，这是一种内涵式的动力，而不是单靠资金、项目、物质资源等外延式的动力。只有大力提倡教育、人才在发展中的动力作用，教育与经济、社会的结合才会越来越紧密。

学校是学生成长成才的摇篮，要通过教书育人、实践育人、管理育人、服务育人、文化育人，让学校成为学生梦想启航的地方。教师是学生成长的引路人，既要传道授业解惑，更要为人师表，用高尚的情操陶冶学生、感染学生，当好学生的"筑梦人"。要树立多元价值评价标准的观念。学生没有成绩过不了今天，但只有成绩则过不了明天。因此，要摒弃简单以考试成绩评价学生的单一教育评价标准，采用多元的教育评价标准，善于发现学生德智体美劳各方面的潜能，培养学生学习的兴趣，鼓励学生能力的发展，牢牢把握学校教育在全面育人中的作用，为每个学生的成长进步创造良好的环境。要树立为受教育者提供优质服务的观念。教育质量不仅是教育自身发展的问题，在办学方提供与受教育者购买的关系中，也关系到以人为本的问题。提供优质服务，提高教育教学质量，不仅仅体现在办学过程和教学过程，而应当把它提升到以人为本的高度来认识，提升到真正促进人的全面发展的高度来看待，提升到维护人民群众切身利益的高度来对待。要树立为受教育者提供个性化服务的观念。学校不是标准化生产的人才加工厂，面对一个个千人千面的活的灵魂，不能按照一个模子来塑造。"有教无类"是教育者应有的良知，"因材施教"则是教育者应具备的智慧和能力。学校的人才培养模式、教育教学管理，应该努力创新，应为学生提供更加个性化的服务。要树立文化育人的观念。教育的核心在育人，中心工作在教学。育人自然体现在机会、质量、服务之中，但更重要的，也带有根本性变革的是，学校管理的相关制度与平台设计应该体现以人为本的理念。在学生管理、师生关系、活动组织等方面，都要大力营造校园文化，体现尊重人、理解人、关心人、宽容人的价值追求，从而向解放人、发展人的更高目标作出教育的独特贡献。

家庭应该树立正确的教育观念。家庭是孩子的第一所学校，家长是孩子的第一任老师。家长不仅要关注孩子的成绩和学业，更要重视孩子身心健康的培育、家庭亲情的感染、思想道德的熏陶，帮助孩子扣好人生的第一粒扣子。要树立选择适合的教育观念。每个人是有差别和特点的，世界上没有两片同样的树叶，也没有两个同样的人，要根据不同的天然禀赋、气质特点、兴趣爱好，选择合适的教育方式，而不是只选择一种模式的教育。只有这样，才有可能将个人的发展与不同类别的教育要求相结合，也才能与今后的职业选择相结合，从而使个人特点与岗位需求达到最大程度的契合。要树立终身教育的观念。终身教育是人们对教育本质认识的飞跃，也是时代发展的必然要求。《学会生存》中指出：每一个人必须终身持续不断地学习。其根本原因是：社会发展速度加快已使人们不可能在完成一次正规教育后便能应付一生的各种挑战，新技术革命的飞速发展使得劳动者只有不断地更新自己的知识才能适应生产发展的需要；现代人已经处在一个日新月异的剧烈变化的社会中，担负着一定社会职责的个人只有不断地进行适时训练或再受教育，才能胜任自己的社会职责，才能避免落伍；现代科技的飞速发展使每个人都处在信息剧增的恩惠和威胁之中，若要充分利用信息并与信息社会保持和谐的格调，传统教育必定要改变其形式和内容，树立与信息社会相适应的教育思想。因此，应该看到，学习不是一个人某一个时段的事，而是终其一生的事，在学习上一时的挫折并非是自己学习的终结。

《中国教育报》2022 年 1 月 11 日

第二辑 校园新变化

徒步百里祭英烈是一堂深刻的思政课

媒体评论员·王石川

徒步往返百余里，翻山越岭祭英烈。据报道，4月1日凌晨，伴随着嘹亮的歌声，宁夏固原市第二中学和弘文中学2300余名师生，从固原市区出发，徒步前往彭阳县古城镇任山河烈士陵园，祭奠缅怀革命先烈。固原市第二中学相关负责人表示，最好的教育应是亲身经历，希望学生通过徒步百里祭英烈的活动缅怀先烈，磨砺和锻炼自身。

在清明节到来之际，用"壮举"来形容此次祭奠活动，并不夸张。一路上，学生们高举红旗、唱着歌，手拉手翻山越岭，肩并肩齐步前行，无一人放弃。从中可以看出，新时代青少年是好样的，他们肯吃苦、有理想，敢担当、有信仰。"少年强则国强，少年智则国智，少年进步则国进步"，这句话又一次在现实中找到生动的注脚。

有人说，这一路走来，"磨炼的是意志，淬炼的是信仰，夯实的是精神坐标"，此言不虚。应该看到，对每一名学生来说，走完54公里路程都是一次不小的挑战，但他们不退缩，不犹豫，因为他们深知此行的崇高目的。我们在为他们点赞的同时，也要为组织此次活动的学校点赞。据报道，为上好这堂行走中的思政课，弘文中学的师生近一个月来注重在早操、体育课时段进行负重跑步等体能训练。3月21日，学校团委还举办了专题讲座，向师生介绍任山河烈士陵园的由来，任山河战役的背景、战斗经过、重大意义，瞻仰烈士陵园、坚持祭扫之于成长的意义。

徒步百里祭英烈，背后反映出思政教育不只在课堂。思政课是落实立德树人根本任务的关键课程，要用好课堂教学这个主渠道，但不能拘泥于课堂，要把课堂教学和实践教学有机结合起来，充分运用丰富的历史文化资源，紧密联系中国共产党和中国人民的奋斗历程，深刻领会马克思主义中国化的内在道理，深刻领悟为什么历史和人民选择了中国共产党和社会主义，进一步坚定"四个自信"。据报道，当天 10 时许，学生到达陵园后，面向革命烈士纪念碑脱帽敬少先队队礼、默哀，敬献花篮，并发出铮铮誓言。此外，他们还认真擦拭每块烈士墓碑，并献上写有"哀念"的白花。这一个个富有仪式感的细节，令人动容。学生们擦拭墓碑、脱帽致敬、庄严发出誓言时，内心一定激荡着对烈士无比真挚的崇敬之情。这种效果确实远远胜过枯燥的宣教。

同时，思政教育一定要跟现实结合起来。思政课不能只是拿着文件宣读，要接地气，多一些创新，丰富一下形式，如课堂上积极采用案例式教学、探究式教学、体验式教学、互动式教学、专题式教学等，这样往往能够取得事半功倍之效。固原市第二中学相关负责人表示："这 54 公里路，是感念先烈创造幸福生活的路，是感悟中国共产党初心与使命的路。"对于参加这次祭奠活动的学生来说，他们走完往返路，不仅对烈士有敬仰之情，还会珍惜今天的幸福生活，会深切体会到中国共产党的初心与使命。由此来看，这次祭奠活动意义深远。

值得一提的是，徒步百里祭英烈固原市第二中学已坚持了 20 多年。这一活动的首倡者是固原市第二中学原校长、弘文中学的创办者韩宏是。1993年，他在报纸上看到一篇名为《夏令营中的较量》的文章，于是着眼于学生的长远发展，开始带师生徒步赴任山河烈士陵园扫墓。回顾来时路可发现，老校长的愿望已经实现，他所希望达到的效果也已达到。这也提醒相关部门和学校，做好思政教育要找准方向、找对方法。方向准了、方法对了，就要坚持走下去，在实践中不断完善，在完善中不断推而广之。

培养什么人、怎样培养人、为谁培养人是教育的根本问题。各地各学校要以"徒步百里祭英烈"这堂富有深刻内涵的思政课为标杆，结合自身实际，全力上好思政课，在改进中加强，不断提升思政教育的亲和力和针对性，以更好地满足学生成长发展需求和期待，为党和国家培养出有爱国情怀、社会责任感、创新精神、实践能力的时代新人。

《中国教育报》2023 年 4 月 5 日

大中小学联动，助力课后服务提质

华中师范大学副教授·邹红军

天津师范大学第十八届学生教学技能大赛决赛近日在校园里拉开帷幕。不同于往年，本次竞赛增设了"中小学课后服务素质拓展课程设计征集"同期活动。来自全校不同年级、专业的 180 个团队千余名学生，通过自由组队的方式，针对不同学段的基础教育对象开发了素质拓展课程，助力中小学课后服务。

自"双减"政策实施以来，各地取得了积极成效，但也面临不小挑战，一个突出的问题是：课后服务怎么办？就目前而言，中小学课后服务依然存在一些问题，如一些学校将课后服务简单等同于作业辅导，或是利用课后服务继续开展学科教学。天津师范大学巧妙利用高等院校具有的优势，既提高了高校学生的兴趣技能，也为中小学课后服务汇聚了智力方案，探索出一条助力中小学"双减"的创新路径。尽管我们不乏高等院校与中小学联动发展的模式机制，但能否快速、准确、到位地将相关模式机制转化为服务"双减"的政策优势依然有待探索。为了更好推进中小学开展课后服务，我们应积极探索构建大学助力中小学课后服务的长效机制。

提高价值站位，坚持立德树人。首先要全面提高对于"双减"的政策认识、价值体认，以及大学与中小学合作的关键目的、重要意义，要有大视野、大格局、大情怀。"双减"事关教育生态和育人格局，对于全面贯彻党的教育方针、促进学生全面发展具有重要意义。

中小学要充分认识"双减"对于学生发展的奠基性意义，从知识导向转向素养本位，真正将中小学生从繁重的学业负担中解放出来，为保障学生身心健康、激发学生创新活力、促进学生全面发展提供根本保障。

大学要密切关注中小学教育生态，主动走进基础教育现场，不断为中小学落实"双减"提供思想支持与道路引领，努力构建大学与中小学双向联动、协同育人的发展格局，为基础教育减负增效、高等教育创新提质赋权增能。

突出问题导向，形成机制合力。要注重突出问题导向，事实立场，以问题为抓手，破而后立，科学规划、合理布局，建立健全大学与中小学联动的课后服务机制。

要发挥大学的研究优势，借助专家力量，广泛调研、深度观察、全面剖析，厘清课后服务的问题域，形成问题清单，建构破解思路。中小学校要转变工作思维，勇于揭示问题，主动研究问题；要区分问题主次，循序渐进，真正抓住问题、廓清问题、解决问题。

双方要密切合作，同商共议，有机联动，坚持整体思维、系统施策，科学规划布局课后服务的机制方案、路径方法。要探索形成长期、稳定的合作机制，打造大中小学课后服务一体化实验基地，形成中小学牵头、大学参与治理共同体，研究出台中长期合作规划，及时形成配套方案，明确合作方式、管理办法、任务清单，健全责任机制、过程机制、评价机制，实现全主体、全过程、全方位合作长效机制。

此外，还需不断创新方式方法，不断拓展新思路、开发新资源、探索新办法，创新合作模式，优化联动过程，吸引社会力量，重视基层智慧，培育优质案例，加大宣传推广，充分利用大数据、人工智能等技术优势，形成大学助力中小学课后服务的机制合力。

《中国教育报》2023 年 4 月 11 日

共同打好摘掉"小眼镜"的攻坚战

丽水学院教师·吕广阵

日前，教育部印发了《2023年全国综合防控儿童青少年近视重点工作计划》（以下简称《工作计划》），全面部署年度全国综合防控儿童青少年近视重点工作计划。其中，"将儿童青少年近视防控工作、总体近视率和体质健康状况纳入政府绩效考核""对儿童青少年体质健康水平连续三年下降的地方人民政府和学校依法依规予以问责"的要求引起社会的广泛关注。

《工作计划》明确近视率将被纳入政府考核指标，对儿童青少年体质健康水平下降的地方人民政府和学校予以问责，并非只是对2018年颁布的《综合防控儿童青少年近视实施方案》的简单重申，而是一次从"动真格"到"见真绩"的具体落实。这项系统性工程需要政府主导、部门配合、专家指导、学校教育、家庭关注，多方参与，形成多系统、立体化的防治体系。

一要健全教育监督考核机制，持续深化"双减"政策。教育部门要改革教育评价手段，扭转义务教育应试导向，改变"唯成绩论"教学现状。要充分用好"双减"政策实施带来的"护眼红利"，通过课程体系改革、健全作业管理机制、提高作业设计质量等措施，在保障教学的基础上，减少学生对电子产品的依赖，减少学生近距离用眼时间和强度。将视力健康纳入素质教育，把体育、美育、劳动教育纳入学生校内课后服务体系，推进体教融合，通过实施学校体育课改，培育学生体育意识，使学生有更多日间户外活动时间。

二要做好视力健康监测管理，优化干预治疗措施。构建集健康教育、监测预警、综合干预、跟踪管理于一体的学生视力健康管理模式。提高视力健康监测频率，动态更新数据信息，健全学生视力健康电子档案，实现"一人一档、升学随迁"。学校要配齐配强专、兼职视觉健康教师和保健医师，培养学生正确的读写姿势和用眼习惯。以"查、防、控"为目标，制定跟踪干预措施，将用眼情况、视力监测结果、诊断分析形成报告，指导儿童青少年及时进行科学验光、定期检查和规范矫治，实现视力监测与预警干预有效衔接，通过关口前移、家校医合力，做到早发现、早干预，共同做好儿童青少年视力全周期管理。

三要强化相关部门的监督管理，用好问责利器。构建"一盘棋"的儿童青少年近视联防联控格局，压实各方主体责任，形成上下联动、一体推进的工作落实机制。强化考核评价，把儿童青少年近视防控工作、总体近视率和体质健康状况纳入学校、政府履行教育职责评价和目标管理绩效考核，并健全相应的奖惩机制。要建立责任到人机制，破除权责不清的壁垒，确保到边到底，防止部门转嫁压力，考核虚化。同时，加强日常监督管理，细化问责措施，通过明察暗访、交叉检查等方式，深入开展调查研究，对未实现年度近视防控工作目标或排名末位的单位部门加大通报曝光力度，形成责任落实倒逼机制。

四要广泛科普用眼知识，呵护儿童青少年视觉健康。政府部门要深度科普用眼知识，以学校教育指引为主线，以家庭示范引导为依托，大力构建学校、家庭、社区、企业等场景全覆盖的近视防控健康生态圈。要进行全方位宣传教育，采用儿童青少年喜闻乐见的形式，融合新媒体丰富宣传素材，帮助儿童青少年树立近视防控"第一责任人"意识。

将近视防控纳入政府绩效考核不是目的，把近视问题当成教育问题甚至社会问题去综合考量，并聚合社会各方力量进行综合施治才是落脚点。从问责追责发力，推动促进公共服务跟进行业治理，实现减轻学业负担与提高身体素质同频、科学用眼宣传教育与健康矫治并进，才能真正将儿童青少年近视防控工作落到实处。

《中国教育报》2023 年 4 月 13 日

"电摇"亚文化引导需要教育设计

山东省滕州市北辛街道北关小学教师·彭鹏

据新华社报道，最近不少正在读小学的孩子总喜欢做一个奇怪的动作：双腿下蹲，手臂前伸，高频率地做"拉锯式"晃动。对于小学生而言，这是一种社交语言，他们称之为"电摇"。这个动作近来特别火，成为继《孤勇者》后，在小学生群体中出现的又一现象级行为。

在学校门口、社区楼下、公交车站、城市街道，抑或许多短视频平台上，可以看到不少小学生相互做这个夸张动作，颇有对暗号的味道。小学生这样做往往是出于从众心理，即受到同龄人、周围环境或互联网文化的影响。再加上好奇、好动的天性，看到别的同学在玩，自己也跃跃欲试，久而久之成为一种风气。

一些小学生喜欢"电摇"是青少年亚文化的一种表现。他们通过执行一种大人不太明白的"加密通信"来形成不言自明的交流默契，以彰显自己的特立独行，并在这一过程中获得身份的认同。实际上，一些偏于搞笑或无伤大雅的社交语言，如唱歌接龙、比拼街舞，或许是孩子天真的表现、快乐的表达，有助于他们融入群体，培养一定的社交能力。学校和家庭对此不必过分焦虑和盲目干涉。时间会证明，某些流行的"梗"或潮流用不了多久就有可能过时，被新的、更好玩的东西所取代。

但作为一种不是特别优雅的动作，有的"电摇"向对方传递着挑衅、鄙视或嘲讽之意，甚至夹带某些不文明、不健康的语言或其他动作。如果任其流行，显然不利于青少年的成长。

或许有人会说，每一代人都有他们的非主流行为，如"火星文""杀马特造型""非主流头像"等，就受到不同时代青少年的欢迎。我们固然不能草率地给孩子的某种社交语言打上"少儿不宜"的标签，但对不够文明的行为或游戏需要及时纠偏。这就需要学校和家庭看到孩子行为背后的心理因素，及时予以教育引导，通过主题班会等方式真诚地让孩子看到"电摇"的原因、潜在的影响等。

学校和家庭都有责任预防和制止青少年的不良行为。毕竟他们的价值观和世界观还不够成熟，可能只是单纯觉得有意思就去模仿，并不知道某些动作所隐藏的意思、所代表的文化习俗，往往会产生误读，进而带偏了成长的轨迹，影响了身心健康。对此，应该警惕不良网络文化对青少年思想的影响，以理性科学的教育方式，帮助他们在渴望表达、追随潮流的同时，多进行独立思考。

无论是教师还是家长，都不应采用粗暴的体罚方式，而应给予青少年更多的尊重和引导，帮助他们看到行为背后的心理因素，使其多反思自己的行为在哪些场合可以做、哪些场合不可以做，哪种行为更符合社交礼仪，更能为他人所接纳。如果青少年真正明白了自己到底想表达什么以及表达的界限，自然就会遵循基本的行为准则，举手投足会更加得体。

《中国教育报》2023 年 4 月 18 日

多措并举筑牢青少年心理健康"防护墙"

中国青少年研究中心助理研究员·马金祥

近年来，青少年心理健康问题日益凸显，频频引发社会关注。加强青少年心理健康教育十分必要、刻不容缓。为科学防治青少年焦虑和抑郁，有效解决青少年心理健康问题，共青团昆明市委整合资源建立昆明市青少年心理健康服务中心，以 9—18 岁青少年群体为主要服务对象，提供全天候、全公益、全链条、全方面保密的心理咨询服务，帮助迷茫的孩子重拾对生活的热情与希望，引导焦虑的父母共同为孩子的健康成长保驾护航，让专业化、规范化的心理咨询服务成为解决青少年心理健康问题的有效途径之一。昆明市青少年心理健康服务中心的搭建和实践，为构建防治青少年心理健康问题的联动服务模式提供了建设性的范本。

青少年心理健康问题已成为全球性公共卫生问题。联合国儿童基金会发布的《2021 年世界儿童状况》报告显示，据估算，在 10—19 岁的青少年中，有超过 13% 的人患有世界卫生组织定义的精神疾病。因为得不到及时、专业的治疗，部分心理健康疾病会伴随终生，甚至引发青少年伤害自己等严重后果。

青少年心理健康工作是健康中国建设的重要内容，也是关系国家和民族未来的重要公共卫生问题。《中长期青年发展规划（2016—2025 年）》强调，要加强青年心理健康教育和服务，注重加强对青年的人文关怀和心理疏导，引导青年自尊自信、理性平和、积极向上，培养良好心理素质和意志品质。2020 年国家卫生健康委办公厅发布的《探索抑郁症防治特色服务工作方案》

要求，将心理健康教育作为中学、高等院校所有学生的必修课，每学期聘请专业人员进行授课，指导学生科学认识抑郁症，及时寻求专业帮助等。2021年教育部在《关于进一步落实青少年抑郁症防治措施的提案》答复中明确表示，将抑郁症筛查纳入学生健康体检内容，建立学生心理健康档案，评估学生心理健康状况，对测评结果异常的学生给予重点关注。

解决青少年心理健康问题，需要包括学校、家庭、医院、心理健康从业者在内的社会各界多主体的高效联动和互相配合。首先，积极推进心理健康教育普及，引导青少年正确看待、处理心理健康问题，培养良好的情绪调节能力。校园是青少年汲取知识、参与活动最主要的场所，通过举办心理健康主题讲座、开展青少年心理健康宣传活动，加强青少年心理健康教育与宣传，引导青少年勇于面对并正确处理遇到的问题，学习调节、控制情绪的方法。其次，定期开展青少年心理健康评估，建立"一生一档案"制度，监测青少年心理健康动态。开设心理健康咨询中心，对存在高危心理健康问题的学生进行"一对一"疏导工作，监测学生心理问题发展动态。加强家长和学校之间的沟通，监测青少年心理健康。引导家长树立正确教育观念、掌握正确教育方法。推进学校教育和家庭教育相互配合，密切关注青少年在成长中遇到的问题。最后，加大心理健康专业化服务供给，鼓励更多专业人员加入到健康咨询服务的队伍中。准确把握青少年心理健康问题及其严重程度，有效帮助有需求、有问题、有困难的青少年找到正确的解决路径，构建学校、家庭、社会专业机构多方联动，多措并举筑牢青少年心理健康的"防护墙"支持系统，共同守护青少年心理健康。

《中国教育报》2023年4月19日

别被"普通家庭不能报的专业"误导

21 世纪教育研究院院长·熊丙奇

近日,教育部发布《2022 年度普通高等学校本科专业备案和审批结果》。本年度全国各高校共新增备案专业 1641 个、审批专业 176 个;调整学位授予门类或修业年限专业 62 个,对部分高校申请撤销的 925 个专业予以备案;列入《普通高等学校本科专业目录》的新专业有 26 个。

这引起很多考生的关注。与此同时,网上开始传播"天坑专业""普通家庭不能报的专业"等言论。这些言论貌似对是学生负责,让普通家庭孩子避免掉进"坑"里,选择更好的专业,但其实除了炒作、博流量,对普通家庭孩子选择专业并没有指导意义。学生选择大学和专业,确实应考虑学费支出与家庭情况,但在学费可以承担的范围内,不存在"普通家庭不能报的专业"之说。选择专业不能盲目跟风,而要结合自身的个性、兴趣,选择适合自己的专业。

学生选择大学和专业,要不要考虑家庭经济情况?答案是肯定的。例如,贫困家庭学生在选择公办学校和民办学校时,可以优先选择学费更低的公办学校。简言之,选择大学和专业需要评估家庭经济情况,不宜为上某一学校、专业而"砸锅卖铁",影响家庭的正常消费支出。

网上的"普通家庭不能报的专业"言论,并不属于这一类,而是从家庭背景、资源角度,建议学生选那些能赚钱的专业,不能好高骛远。这类言论并不新鲜,一直就有。去年,高考考出高分的留守女孩钟芳蓉,受樊锦诗先生的影响,并根据自己的未来规划,选择北京大学考古专业,就被一些网友

"泼冷水"。这些网友认为她应该选择更有"钱途"的专业,即觉得普通家庭不适合读考古专业。

对考古感兴趣,立志做考古研究,对于这样的志愿选择,应大力支持。倒是那些不考虑兴趣,盲目追逐所谓热门的志愿选择,才是应警惕的。网传的言论偏离了正确选择大学、专业的原则,只会加剧选择专业的功利倾向。

通常来说,高考生选择专业志愿时,要坚持四大原则:一是兴趣原则,即从自己的个性出发,选择自己感兴趣的学科、专业;二是能力原则,即客观评估自己的实力;三是政策原则,即选择要符合政策要求,按志愿填报规则填报志愿,注意高校招生专业的调整;四是长远原则,即考虑自己长远的学业与职业发展,不能功利化、短视化。

对照这四大原则,除了高收费专业可能不太适合普通家庭学生外,并不存在其他不适合普通家庭学生的专业。网上热议的所谓"天坑专业",都是以偏概全,对学生选择专业的误导。任何一个专业,都会有学得很好、发展前景很好的学生,也会有学得不如意,甚至觉得很后悔的学生。

选择学科专业,要从兴趣、能力出发,并分析学校具体开设专业的情况。同一个专业,可能适合别人,却不一定适合自己,不能盲目跟风,追逐所谓热门,而逃避冷门。热门专业冷就业,冷门专业热就业,在近年来的就业市场中比比皆是。另外,某一类专业从整体的人才培养与社会需求看,可能属于需求不旺的冷门专业,但具体到某一所学校,则可能是该校的特色专业。这要求学生在选择专业时,要分析具体学校、具体专业。

对于每年的大学专业调整,有人认为撤销的专业都是冷门专业,新增的专业都是热门专业,这种理解是极为片面的。被撤销的专业对于其所在的学校来说,大多是缺乏特色的专业,但这一专业在其他高校则可能是强势专业。因此,就此认为这类专业都不能报考,将错失选择适合自己的学校和专业的机会。同样,新增的专业也不见得就热门专业。我国近年来撤销较多的专业,在当年就是很多学校追逐开设的热门专业。由于举办学校多、招生规模大、没有办出特色,故而被撤销。

所以,对待专业选择,不能望文生义。只有理性分析每所大学的专业开设情况，才能督促大学办出特色专业，以专业的质量吸引学生选择，由此淘汰低质量、缺特色的专业。再者，每个学生都要有正确的专业学习态度。选择专业固然重要，但更重要的是要做好学习规划，不存在选好专业就一马平川的事。概而言之，不存在什么统一标准的好专业。对于学生来说，适合自身的专业才是好专业。

《中国教育报》2023 年 4 月 21 日

绝不能向疯狂的网暴让步

本报记者·杨三喜

近日，汶川地震幸存女孩牛钰在短视频平台分享了自己遭遇网络暴力的经历。"你要相信你值得世间所有的美好。"牛钰用铿锵有力的话语回应网络暴力，展现着积极乐观的人生态度。她的经历也再一次提醒公众，网络暴力这一毒瘤之害。

汶川地震时，11 岁的牛钰被一块石板压住，三天三夜后终被救出，却永远失去了右腿。对于生活的不幸与身体的残缺，牛钰依然笑着面对，她自信的姿态感动了无数人。但就是这样一个从地震废墟中幸存、不断绽放着生命光彩的阳光女孩，依然躲不过网络暴力阴冷、刻薄、恶毒的攻击。不难想象，选择站出来反击网络暴力之前，她经历了怎样的伤害。

多数网络暴力的受害者都在默默承受或者孤独应战，甚至直到生命悲剧发生，我们才意识到网络暴力受害者的名单又拉长了。这既与当前网络环境中网络暴力无处不在、人人都可能成为受害者有关，也与普通人面对网络暴力时难以招架、维权艰难有关。

网络暴力几乎伴随着互联网而生，但近年来却呈现出愈演愈烈的态势，其冲击着网络秩序、恶化着网络生态。网络的匿名性和开放性，为一些人在网络空间以所谓的"道德""正义之名"肆无忌惮地攻击、诋毁、谩骂、侮辱他人提供了机会。移动互联网不断普及，在降低网络使用门槛、拓展言论空间的同时，也进一步增加了网络暴力发生的可能。

网络暴力事件层出不穷，不仅毒化网络空间生态，也让理性、良善的声音沉默，并威胁着每一个网民的合法权益，挤压着整个社会的表达空间。在未成年人互联网普及率持续提升、触网年龄不断前移的背景下，网络暴力对未成年人的伤害更不容忽视。它既可能以未成年人为施暴对象，给心灵不成熟的未成年人造成难以修复的心灵伤害，也可能影响未成年人的道德价值观，甚至诱导是非辨别能力不强的未成年人成为施暴者。

网络不是法外之地，用键盘、鼠标伤人同样需要付出代价。今年全国两会期间，有超过20名代表、委员就治理网络暴力建言献策。这表明，加快反网络暴力专项立法，用法律手段治理网络暴力，保护被网暴当事人、惩治"键盘伤人者"正在成为全社会的共识。而与健全反网络暴力法律体系同等重要的是：强化常态化的反网络暴力执法，畅通反网络暴力的维权之路，形成对违法犯罪者的有效震慑。

可以说，网络暴力问题的泛滥与一些平台放任网络暴力紧密相关。一方面是一些平台为了流量，故意制造对立、放大矛盾，打开了网络暴力的"潘多拉盒子"；另一方面，则是平台没有履行应尽的责任，在网络暴力防范机制建设上"宽松软"，导致相关机制没有发挥应有的效果。很多场景和语境中，"网暴"与"非网暴"的界限并不明晰，治理网络暴力固然不容易，但从一些平台反网络暴力的表现来看，是不为也，非不能也。因此，要进一步压实平台责任，让平台站在反网络暴力的第一线，为网络暴力行为亮出红牌、划明红线。

网络暴力问题还与公众的数字伦理建设落后有关。所以我们才会看到，很多网民在各类网络事件中陷入集体无意识的状态，罔顾基本的事实真相，丧失独立思考能力和良善之心，肆意对他人施暴。因此，加快数字伦理建设，引导广大网民遵纪守法、文明互动、理性表达，使其成长为尊重合法权益、肩负社会道义的网络公民才是治理网络暴力的治本之策。在这方面，包括学校在内的各个社会主体，都应该携手努力。

网络暴力的声量越大，平和、理性的声音就越可能被淹没，毕竟谁也不愿意身处一个乌烟瘴气的网络空间。我们绝不能向疯狂的网暴让步，也绝不能把互联网空间拱手让给网暴者。网络暴力治理虽是一个世界性难题，但多管齐下，凝聚法律、监管、平台、教育等各方力量，发出更多向上向善的声音，不断壮大网络正能量的声势，就能以日积跬步、日拱一卒之姿，打造一个清朗文明的网络空间。

《中国教育报》2023 年 3 月 30 日

切莫让网络"烂梗"阻碍孩子健康成长

湘潭大学马克思主义学院博士生 · 李海容

"鸡你太美"、"你这个老 6"、打游戏"CPDD"比解二元一次方程还熟练……有媒体调查发现,如今,有的中小学生对于网络的依赖近乎"疯狂",玩"网络流行梗"更是驾轻就熟。

随着互联网的广泛应用,"网言网语"越来越成为青少年传递信息、宣泄情绪、缓解压力、释放感情的一种表达方式。一些"网言网语"如"达人""给力""逆行者"等具有正面时代内涵和文化意义的网络新词,生动诠释着语言的生命活力和时代发展,但同时一些恶俗、粗鄙的网络"烂梗"也充斥网络空间和现实生活,阻碍了孩子们的健康成长。

语言是思想的外衣。"网言网语"不等于奇言怪语、雷人雷语,更不等于粗言鄙语、污言秽语。一些简单粗暴、低俗恶搞的网络"烂梗",蔓延至中小学生甚至幼儿园,成为青少年的口头禅、人际交往的社交热词甚至是课堂回答、作业和答卷中的用语,严重影响了孩子们的健康成长。

网络"烂梗"是孩子们健康成长的"精神梗阻"。一方面,网络"烂梗"直接影响孩子们的语言学习、表达和运用能力。网络"烂梗"束缚语言思维、削弱思考能力、固化表达方式,会导致孩子们"文字失语",说梗、接梗、抛梗时挥洒自如,但要将心中所想付诸文字时,却不会表达、不会言语,除了用"YYDS"再也找不到其他表达赞美的词语了,长此以往,会影响孩子们成长成才。另一方面,网络"烂梗"弱化了孩子们对正确价值观的认知和认同。青少年阶段是人生的"拔节孕穗期",是形成正确价值观的关键阶段。一些网络"烂梗"出自文化水平和道德水准参差不齐的"劣质网红"，他们博眼球、赚流量，助推审丑文化，将错误的价值取向和价值准则传递给理性思辨能力弱的孩子们，拉低孩子们的审美情趣和道德水准，易使孩子们美丑不分、荣辱不辨。

抵制网络"烂梗"刻不容缓，家庭、学校、社会都有责任。首先，要落实家庭的基础作用。家长是教育孩子的第一责任人。家长要以身示范，为孩子营造文明规范的家庭语言环境，及时制止网络"烂梗"渗入孩子的语言习惯和思维方式，积极引导孩子认清网络"烂梗"的生成根源、严重危害及抵制方法，帮助不明真相、盲目跟风的孩子扣好人生的第一粒扣子。其次，要发挥学校的主导作用。学校是孩子学习知识、塑造价值、养成道德的重要场所。学校要开展丰富多彩的教育实践活动，通过老师的言传身教、优秀同学的榜样引领、校园文化的潜移默化，培塑学生崇高的理想信念、高尚的价值志趣、积极的道德情感和勇毅的意志品格，引导学生提高语言表达和人际交往能力，学会用文明、通俗、规范的语言表达自己。另外，相关政府部门要当好"看护人"，制定法律法规，加强监测和监管。网络平台要当好"守门人"，做好入口的审核和把关，通过设置黑名单，采取屏蔽、关停等处置措施，将不良信息和网络"烂梗"锁在门外，为孩子们营造风清气朗的网络空间。

《中国教育报》2023 年 3 月 28 日

失衡的家校关系中没有赢家

辽宁省本溪市明山区实验小学校长·高春

近日，河南一名学生的父亲发视频称，因在班级群里发了一句"家长又有作业了"，不但被教师踢出微信群聊，还被教师打电话"教育"。家校关系再一次成为社会热议的焦点。近年来，不管是主动还是被动，家长退群事件时有发生，背后是家校关系不佳、矛盾凸显。这不得不引发我们对家庭教育与学校教育边界的思考。

学校在布置作业时，应有科学性、针对性，尤其要注意与家长沟通的方式方法，以求达成共识，形成育人合力。中共中央、国务院印发的《关于深化教育教学改革全面提高义务教育质量的意见》中明确指出，杜绝将学生作业变成家长作业或要求家长检查批改作业。现实中，的确存在类似批改作业、检查作业并签字、制作手抄报、听写英语单词和语文生字等家长作业，这类现象受到部分家长的质疑，引起家校之间的冲突。例如，有媒体以"超六成家长下班后帮孩子做手工，家长作业引吐槽"为题，报道了家长作业让家长不胜其扰的现实，一度引发社会的广泛关注。但从另一个角度看，如果教师布置一些简单的作业，甚至不留作业，不占用家长的时间和精力，家校关系就平衡了吗？其实也未必。

很多家长非常重视家庭教育，主动带孩子参加各种有意义的社会实践活动，帮助他们养成良好的习惯，尽可能地给予孩子学习支持。可以说，绝大部分家长都愿意站在家校协同育人的共同战线上，与学校一起让孩子成长成才。不得不承认，家校之间因家庭作业布置而发生不愉快，甚至到了家长愤而退群的地步，一定不是教师的初衷。例如，有不少不必要的活动冠以"进校园"的名义，给教师平添了不少负担，家长也在无形中承担了部分事务，造成家校关系在微妙中失衡。好在国家非常重视给学校和教师减负工作，一直在加大力度整治。2019年12月，中共中央办公厅、国务院办公厅印发了《关于减轻中小学教师负担进一步营造教育教学良好环境的若干意见》，提出要为中小学教师减负，如清理精简现有督查检查评比考核事项，坚决杜绝强制摊派无关事务等。

进入互联网时代，技术的进步使得家校之间的沟通便捷了许多，但也随之而来产生一些新的问题。尤其是疫情期间，教师与家长的沟通更多地停留于线上，有的家长群甚至变成了"赞美教师群"。然而，让孩子更好成长，需要家校之间深度交流、密切配合，线下面对面的沟通必不可少。平衡的家校关系关键在于彼此尊重，好的家校关系需要把工作做在平时，锁定"危险信号"，一旦发现不良苗头就进行"早期预警"。同时，要利用好家访、家长会等传统方式的优势，既要有线上的"集体对话"，也要有线下与家长的亲切对谈。

任何教师都不可能尽善尽美。家长如果发现教师有不足的地方，应该在理解和尊重的前提下表达自己的意见，不该冷嘲热讽，甚至把负面情绪带给孩子。良好的教育生态需要共同塑造，直面问题、开诚布公、及时纠错、包容谅解，如此才有可能达成共识，形成育人合力。家校之间的碰撞和摩擦不可避免，应选择恰当的方式来处理，以解决问题、化解矛盾为目的，否则在充满火药味的较量中，没有最终的赢家，只会两败俱伤。

《中国教育报》2023年3月23日

防网游沉迷要从未成年人心理需求破题

本报记者·张贵勇

在移动互联时代，不少未成年人热衷于玩网络游戏，有的甚至大家组队一起玩。究其原因，网游画面炫酷、设计精巧、玩法多样、体验感强，作为一种娱乐方式，有许多吸引人的地方。而且，当下的网游已成为未成年人的社交话题乃至社交手段，有着"物以类聚，人以群分"的意味。

但需要清楚的是，玩网游和沉迷网游是两码事，前者属于正常的休闲活动，后者则有明显的成瘾特征，使学业乃至生活都受到严重影响。如果对网游失去控制能力，或意图通过网游来回避现实问题，每天连续长时间玩网游，持续时长至少为半年到一年，别人制止时便大发雷霆，甚至作出极端反应，便可认定为沉迷网游，这就需要寻求专业人士的帮助。

防止未成年人沉迷网游，需要外部发力，如国家层面出台措施，倒逼网络游戏平台强化"防沉迷模式"等，限制玩网游的时段、时长，尤其是严格治理那些存在暴力内容的网游产品。但更为有效或更为精准的解决之道，是家校合作发力，从了解未成年人沉迷网游的原因入手，消除心理动机，通过提高媒介素养来提升应对包括网游在内的信息技术的能力。

具体来说，学校要通过营造团结友爱的班级文化、乐于探索的学风校风，来增强个体的综合能力，让每个学生更有归属感、价值感和向上生长的内驱力。同时，要打造高品质的信息技术课，来引导未成年人正确看待网游，了解网游的设计原理，认识到长期沉迷网游的巨大危害。通过系统的课程或有趣的主题课等，提高青少年的媒介素养，这其实是赋予他们以铠甲，使其抵御住不良诱惑。当青少年了解了网游设计的原理，清楚了长期沉迷网游的后果，有了较高的媒介素养，便能变被动沉迷网游为把某些益智网游作为自主学习、科学探究的工具，主动运用网络资源解决学业、生活、社交过程中的困惑。

家庭层面则要给予孩子足够的爱与接纳，让孩子有安全感和幸福感。父母应为孩子做榜样，及早帮助孩子养成良好习惯，树立远大理想，做好人生规划，在丰富探索体验、提高学业成绩、夯实能力的过程中找到自我价值感和生活意义感。实际上，许多孩子之所以沉迷网游，往往在于其心理层面的深层需求得不到满足。如父母不在身边或亲子关系出现较大问题，孩子在现实世界中缺少足够的接纳与认可，安全感和价值感不足，就可能转而向虚拟世界寻求心理慰藉。现实生活中的心理满足情况越糟糕，虚拟世界的沉迷就可能越严重。

一个值得深思的现象是，中学阶段往往是网游沉迷的高发期，主要原因是此时的青少年进入了青春期，独立自主、稳定社交、自我价值感的内在需求逐渐变强。而此时也多是学业发展困难期、同伴交往关键期、亲子冲突高发期，一旦因学业而起的诸多关系梳理不畅，他们很容易将网络虚拟世界作为避风港。外界施加的压力越大，他们越不愿意从里面走出来，日积月累便到了沉迷而不能自拔的地步。

因此，防止网络沉迷，基于平台的限时段、限时间等举措固然重要，但从内因方面满足孩子的心理需求才是治本之策。改善和增进亲子关系，让孩子在家庭中感受到爱与接纳，有安全感、责任感和归属感，能降低孩子沉迷网游的概率。家长多站在孩子的立场，关注孩子的同伴交往，帮助解决其人际交往中的困惑，提高人际交往能力，体验到现实人际交往的成功，也有助于提高孩子学校生活的质量，在学业发展关键期实现质的突破。

总而言之，沉迷网游的背后逻辑是未成年人在现实生活中不被接纳、认可，融入家庭和集体的渴望得不到满足，于是转而寻求其他渠道，而网游就是一个工具。因此，对于已经沉迷于网络的未成年人，家长切忌不问青红皂白地责备，甚至采取过激行为进行干预，如此只会让情况变得更糟糕。正确的做法是把孩子作为自主的个体，了解孩子的身心发展规律，在充分尊重、理解孩子心理需求的基础上，改善教育方式，和孩子站在一起应对网游的吸引，帮助其从成长困境中走出来。

《中国教育报》2023 年 3 月 15 日

把掉进手机里的留守儿童"捞上来"

本报记者·杨三喜

刚开学不久，青少年沉迷手机的话题再度引发关注。武汉大学中国乡村治理研究中心课题组的一项调研发现，有九成农村留守儿童长期使用专属手机或者长辈的手机玩耍，看短视频和玩游戏已成为留守儿童主要的上网娱乐方式。

沉迷手机低龄化，"仿佛掉进手机里去了"，这种情况出现在留守儿童群体中并不奇怪。互联网的覆盖、智能手机的普及，在一定程度上抹平了城乡生活方式的差距。尤其是移动互联网对农村的渗透前所未有，大大缩短了城乡居民因网络使用习惯而形成的时间差。在这种背景下，留守儿童很难不触网，也很难不接触手机、不玩网络游戏、不刷短视频。留守儿童的特殊之处又在于，他们面临隔代照养、农村生活单调、情感缺失的状况。手机管理一直是困扰年轻家长们的一大难题，更何况是农村的老人。老人们既没有意识到沉迷手机的危害，更缺乏引导孩子科学合理地使用手机的能力，很多时候是把手机当作"电子保姆"。这就导致留守儿童沉迷手机的问题越发突出。

沉迷手机对留守儿童的危害是全方位的，不仅使儿童的视力、体质下降，还会导致学业荒废、价值观迷惘。对于留守儿童而言，拼搏奋斗才是他们改变命运的不二法门。大好时光却沉迷手机，甚至由此成为"新问题少年"，不管是对个人、家庭还是社会，其负面影响都是深远的，不容小觑。

把掉进手机里的留守儿童"捞上来"，要求网络平台把"防沉迷模式"

的防线筑得更牢。目前，主要短视频平台都推出了"青少年模式"，网络游戏平台也上线了"青少年防沉迷系统"，严格限制未成年人游戏的时间，甚至通过人脸识别来防止青少年网络沉迷。可以说，防沉迷监管制度在不断完善。

但问题在于，现实中，青少年仍然能够通过冒用家长手机、账号甚至租用账号等手段避开各类技术限制。虽然，头部短视频平台、游戏平台推出了更严格的防沉迷举措，但一些小的游戏平台却在防沉迷上疏于管理，使得对青少年的网络保护存在漏洞。短视频行业同样如此。单体式短视频和嵌入式短视频两类平台的未成年人保护标准存在差异，效果也不尽相同。在其他网络平台中，也嵌入了短视频功能，青少年更容易接触短视频，并受其影响，这进一步增加了沉迷程度。对此，不仅要进一步强化防沉迷的技术防线，如升级人脸识别系统，防止用父母身份信息解除防沉迷，打击账号租卖等严重破坏游戏实名制和未成年人保护机制的黑灰产业。同时，要求监管部门进行更周密的制度设计，强化对所有游戏、短视频平台的监管。无论平台大小、类型，都应该执行同样严格的未成年人保护标准，从而堵住漏洞。

学校和家庭，同样是防止留守儿童沉迷手机的重要主体。生活单调、情感缺失，是留守儿童沉迷手机的内在原因。这要求学校夯实育人主阵地责任，为学生提供充实而丰富的课内外生活，让他们在学习中找到意义感、成就感，树立正确的三观，明确奋斗方向和动力，以此抵御网络的不良诱惑。家庭方面的责任同样不能忽视。留守儿童之所以成为留守儿童，正是因为父母不在身边，如果父母在身边，就不是留守儿童了。这就似乎成了一个悖论。为了改善经济条件外出务工而让孩子留守在家的无奈，可以理解，但是不在孩子身边并不意味着不能或者不必履行监管责任，并不意味着就只能任其自流。对孩子的生活、学业、思想给予更多的关爱，让孩子在现实生活中感受到更多的家庭温暖，弥补他们情感的缺失，寻找到生活的目标，与经济支持同样重要。

关爱留守儿童是一个综合性系统工程，把掉进手机里的留守儿童"捞上来"需要政府主导下各个部门的共同努力，需要全社会力量的共同参与。面对留守儿童沉迷手机的问题越发突出的现实，要求相关部门、社会力量加强对这一现实问题的关注和研究，推出更多有效的举措，共同呵护留守儿童的健康成长。

《中国教育报》2023 年 3 月 2 日

统一教师着装要三思

浙江省义乌市教育研修院教师·金佩庆

据澎湃新闻报道，辽宁省丹东市教育局就当地一份《关于加强教师着装仪容管理建议》的提案，公开了答复意见。该答复意见表示，确实存在部分教师着装仪容方面的问题，不利于树立教师的良好形象，也不利于学生的品德培养。为此，准备将教师仪容仪表纳入考核制度，在调查研究的基础上积极推动教师穿着职业装。

地方政府给教师统一发工作服、穿职业装，在提升教师形象的同时，体现了党和政府对教师群体的关怀。尤其是刚入职的新教师，穿着崭新的职业装登上讲台，往往职业使命感、自豪感会油然而生。统一教师着装，确实能对教师的仪容仪表起到规范作用，提醒教师关注自己的言行举止。但笔者认为，如果是由地方政府出资则应当慎重，至少有三个方面值得细细斟酌。

一是统一教师着装的内在逻辑性。2008 年修订的《中小学教师职业道德规范》强调，为人师表要衣着得体，语言规范，举止文明。2012 年以来，教育部发布试行的中小学、幼儿园、特殊教育学校以及中等职业学校等多个"教师专业标准"中，都强调"衣着整洁得体，语言规范健康，举止文明礼貌"，但是不是统一着装就等于衣着整洁得体？个别教师穿着邋遢、脏乱现象就因此一扫而光了？未必。如果校长的领导力缺失，教师思想认识不到位、作风态度不端正，一样会有教师穿着随意和邋遢的问题。教书育人是需要教师发挥主观能动性的工作，带有很强的个性化色彩。教师结合自己的教学风格，在不同的场合、不同的教学内容中搭配不同的服装，也许会给学生带来不一样的体验，甚至利于树立教师的良好形象。统一着装虽然能起到规范作用，但也容易让教师失去展示个性与活力的机会。其实，在整洁得体的前提下，教师着装各有特点也未必没有什么不好。

二是统一教师着装带来的经济性、效能性。我国教师队伍比较庞大，各地的财政状况也不尽相同。服装费属于经常性支出，需要长期的经费支持。如果统一着装，要考虑的问题很多。比如，地方财政长期为教师采购工作服列出专项经费是否可能？兜底费用需要多少？地方财政有没有可能负担这笔经常性支出？教育部门可能需要设立专门机构进行市场调研、请专家设计款式、统计尺码、组织招投标等，耗费的人力、物力和精力必然不小。另外，相对奖励名优教师、改善教师办公条件、建设新校园、添置必要的教学设备等，将经费用于统一教师着装，其产生的社会效能和经济价值还有待考量。

三是统一教师着装的合法性、依据性。依法治教、依法办学，是各级教育行政部门和学校工作必须坚持的原则。统一职业服装的目的之一，是让社会特别是工作对象分辨其职业和工作性质。例如，国家机关工作人员因行政执法需要，一般要求统一穿着制式服装，其批准权限在国务院，地方各级人民政府和国务院各部门均无权批准。对于教师是不是也需要统一着装，国家并没有相关规定。建议加强教师着装仪容管理，出发点是关爱教师、塑造教师队伍的良好形象，值得肯定。但如果以政府行为去统一教师着装，其合理性、合法性、可行性还需认真评估。

《中国教育报》2023 年 2 月 23 日

ChatGPT 火了，教育需要双重应对

媒体评论员·朱昌俊

ChatGPT 一经推出，便迅速在社交媒体上走红，在 2023 年 1 月末的月活跃用户已经突破了 1 亿，成为史上用户增长速度最快的消费级应用程序。最近一段时间，ChatGPT 的爆火，不仅让很多人参与到跟风使用当中，也引发了一系列的讨论和思考。

其中，ChatGPT 对教育可能带来的影响，就是备受关注的话题之一。目前，已有学校或教育机构针对 ChatGPT 可能在教育中带来的连锁反应，给出了明确回应。例如，为了防止利用 ChatGPT 作弊，国外已有多所公立学校宣布禁用 ChatGPT，多家科学期刊也禁止将 ChatGPT 列为论文"合著者"。国内亦有多家期刊机构发布声明，提出暂不接受任何大型语言模型工具（如 ChatGPT）单独或联合署名的文章，或建议对使用人工智能写作工具的情况予以说明。

会写作业、写论文、写演讲稿……ChatGPT 的确在很多领域表现出了非常"强大"的能力。它的这种"超能力"若完全被无差别地应用到教育活动当中，的确值得警惕。一方面，它可能会给"抄袭""作弊"增加一层保护色，相对于一般的抄袭，依靠 ChatGPT 的高科技作弊是否还能够被准确识别，在眼下看可能仍是一个问题；另一方面，当 ChatGPT 成为学习中的一种依赖，它还可能弱化学生解决问题的能力及批判性思维，从而矮化教育的价值。因此，一些学校和教育机构针对 ChatGPT 在教育中的应用作出一些否定性规定，就目前来看是很有现实针对性的。

不过，面对 ChatGPT 所象征的人工智能时代的加速到来，对于它可能给教育界带来的影响，显然还需要更深刻的思考和必要行动。比如，帮助更多人，尤其学生群体正确看待和认识人工智能技术的发展，就是目前值得认真应对的教育议题。要知道，人工智能时代的到来已是大势所趋，在孩子们的成长过程中，帮助他们接受正确的人工智能观念，在引导他们理性看待人工智能技术的同时，教育他们科学利用人工智能产品和应用，实际关系到未来人工智能技术的发展及其给社会带来的综合影响。这背后，还涉及专业教师人才的培养、课程设置的优化乃至教材的编写等，或许都需要及早予以科学应对。

更进一步，ChatGPT 等人工智能技术的快速发展，又到底会对现有的教育理念、方式等产生怎样的影响，同样是一个非常严肃的议题。如有专家指出，在知识生产方式不断发展的情况下，对于独创性的考查将更加重要。我们不能原地踏步，仍以分数、做题的速度和效率等为单一标准，而是应转变观念，在技术基础上强调更高层次的独创性，着重培养学生的独立思考能力和创新能力。应该说，重视培养学生独立思考的能力，在过去已经提了很多年，但随着人工智能时代的加速到来，这一点将显得更加重要。这也要求我们的一些教育改革和创新需要有更强的紧迫感。

技术的进步和理性运用离不开教育的引导，反过来，技术的进步又会促进教育的变革。一定程度上说，人工智能技术的发展或意味着我们的教育变革又来到了一个新的节点。我们到底如何科学看待和应对人工智能时代，这本身是教育需要帮助回答的问题，而现有教育又该如何科学回应人工智能技术所带来的挑战，并在趋利避害中进一步提升教育质量，同样是当下及未来需要解答的重要命题。

《中国教育报》2023 年 2 月 21 日

系统发掘校园周边优质教育资源

课程教材研究所政策研究与宣传中心教授·李泽林

日前，有北京市民在接受记者采访时表示，课后服务是落实"双减"政策的重要一环，期待充分发掘校园周边资源，丰富课后服务内容，让孩子们有机会接触和感知身边鲜活有趣的课程元素，从而丰富人生体验，更好地认识、了解、参与社会。对于市民美好的新春心愿，学校应积极作为，做好课程资源建设。

从当前中小学课程资源的挖掘情况看，主要存在三种情形。一是受学校课程、教材和教学直接关联性的影响，一些课程资源就在校园周边，却没有及时发掘整理，纳入课程育人范畴。二是一些课程资源未挖掘。这种情形是指一些课程资源已被学校发现，但缺乏规划设计，课程实践主要停留在表面的参观考察、一般性的认知体验等。对课程资源所蕴含的丰富主题、潜在的育人价值等缺乏专门的提炼。三是一些课程资源未整合。一些学校利用校内外课程资源，开发了形式多样的校本课程，但未有效回应"这些课程与国家课程、地方课程之间是什么关系""在课程育人中发挥怎样的作用"等问题。另外，这些课程在目标设计、内容筛选、组织实施以及效果评价等方面缺乏系统规划，存在课程建设重数量轻质量、重开发轻建设等倾向。

显然，这些问题的存在与学校对课程资源育人价值认识不足、学校特色化建设不够有直接关系。特别是在"双减"政策背景下，学校如何树立大课程观念，充分发挥家校社协同育人功能，为学生认识、理解和融入社会生活提供资源支撑，是学校课程资源系统化建设必然面对的问题。

充分发挥学校在课程资源建设中的主导作用。就课程资源建设而言，学校作为育人主阵地，是课程资源建设的主体，要借助社会的有效支持，引导家长切实履行家庭教育主体责任，共同画好家校社在课程资源开发、课程实施中协同育人的"同心圆"。与学校周边的博物馆、文化馆、纪念馆以及相关单位等建立联系，提取相关课程元素，结合学校办学特色，具象化为相关主题的校本课程，增强学生参与课程的积极性。

进一步提高校长的课程领导力。校长要按照学校办学定位，围绕学生培养目标，进一步提高学校课程与课程资源挖掘价值的洞察、理解和规划能力以及对课程建设的影响力，将课程资源挖掘与学校未来发展愿景结合起来，与学生德智体美劳全面发展结合起来，优化并整合资源，加强课程系统化建设。

建好课程资源开发队伍。课程资源是丰富多彩的，如何将课程资源转化为育人要素，是一个专业化建设的过程。课程资源的不可穷尽性决定了学校必须根据办学特色、学生培养目标等筛选课程资源。这就需要从不同群体视角出发，形成课程资源筛选机制，让这些课程资源真正为学生注入成长活力。在课程资源挖掘团队建设上，需要建立包括教师、学生、家长、课程专家以及相关群体成员在内的课程资源开发团队。

优化课程系统运行机制。课程资源挖掘过程是学校课程重构的过程，是一个系统性、专业性较强的工作，不仅需要考量学生的年龄特点，还要对课程资源的选择、课程体系的逻辑、师资力量的准备以及学生的发展等进行全面系统分析。同时，还要对课程目标、内容选择、实施方法、课时安排、师资水平、实施条件、资源状况、效果评价等问题进行系统考量。

《中国教育报》2023 年 2 月 16 日

不宜过度追求开学仪式感

媒体评论员·邓海建

近日，有多家媒体报道各地仪式感满满的开学季，成为热点教育话题。给孩子们准备书本、礼物，装饰的光鲜亮丽的教室，还有派红包、醒狮表演等，不少学校晒出的开学照片让人羡慕的同时，也让不少网友担心：如此仪式感拉满，会不会有点过了？

开学第一天，仪式感满满，原本是一件很暖心的事。迎春启航、迎风飞舞，开学的仪式感唤醒的是每个孩子新学期的责任感与使命感。比如，有的学校师生大手拉小手，一同跨过健康之门、礼仪之门、智慧之门、梦想之门，在浪漫的仪式中开启健康、知礼、智慧、梦想的新学期。精彩与惊喜的背后，是对成长的衷心祝福。

在童话《小王子》里，小王子问什么是仪式。狐狸答："它使某一天与其他日子不同，使某一时刻与其他时刻不同。"再普通的人、再微小的事，有了仪式感，就能获得一份诗意与尊崇，在平凡的生活里平添几许特殊的意义。从这个意义上说，恰当的开学仪式如同精神的洗礼，闪耀着价值的光与暖。最近微信朋友圈里"开学仪式竞赛"之火，可见一斑。

不过，凡事过犹不及。纵观 2023 年各地的开学仪式，有玩抽奖盲盒的，有举行开笔礼的，甚至还有萌娃跨过"左脚清华右脚北大"的，难怪有网友忍不住要问一句：现在的开学仪式都这么炫酷吗？舆论场也是众说纷纭。有人认为，如果是学校和班主任全心全意安排，很值得期待和点赞。如果诸多仪式的背后是家委会出钱出力，则大可不必。也有人认为，学校不该把开学搞得像开联欢会，对仪式感的追求显得本末倒置。还有人指出，越来越多的仪式感恰恰忽略了孩子的体验与感受。

这些善意的担心，其实指向了"开学仪式感"背后的几个真问题：

一是开学仪式的分寸与边界。形式是为内容服务的，如果脱离了育人的初心，纷乱的形式就很可能沦为形式主义。开学仪式当然应该指向立德树人，如果只是为了博眼球、求出位，搞成脑洞大赛或者创意比拼，就脱离了开学的本意、教育的坐标。有些开学仪式，一看就是花费不菲，不管埋单的是谁，如果不加节制，很容易刮起攀比之风。另外，开学仪式本来是让孩子们去感受、去参与的，生本取向是基本原则。有些开学仪式却成了大人们的狂欢，孩子反而跟着受累，实在不可取。

二是开学仪式应在规则之内。这个规则，就是教育相关方的权责关系。学校、家庭、社会三方在协同育人中有着各自的职责定位，开学仪式怎么办？学校、家庭、社会各自秉持怎样的姿态？这些问题应有较为清晰的原则性答案。具体而言，家长要不要出力掏钱？过度追求开学仪式感的行为要不要纠正？面对这些疑问，相关部门应及早介入、及早引导、及早规范。

当然，对于校方来说，本就不宜过度追求开学仪式感。清清爽爽、简简单单的仪式，未必就不能在孩子心目中留下美好的印象。百花齐放的开学仪式，起码要立足三个基本点：一是校情与地域特点，因地制宜、因校制宜；二是学情与家长特点，不事张扬、减负为先；三是国情与时代特色，继承传统、守正创新。让开学仪式真正成为全环境立德树人的活动，我们可以也应该做得更好。

《中国教育报》2023 年 2 月 9 日

带孩子去 KTV 娱乐，违法了！

华东师范大学法学院教授、未成年人学校保护研究中心副主任·任海涛

眼下，服务业的营业活动已逐步恢复正常。不少家长经历长期居家后，出于放松心情等想法带着孩子一起去 KTV 娱乐。然而，这种行为实际上已涉嫌违反相关法律。新修订的《中华人民共和国未成年人保护法》（以下简称《未成年人保护法》）规定："营业性歌舞娱乐场所、酒吧、互联网上网服务营业场所等不适宜未成年人活动场所的经营者，不得允许未成年人进入"。KTV 属于不适宜未成年人进入的场所，即使是在家长的陪同下也不允许。

营业性娱乐场所环境特殊、人员复杂，对未成年人的生理、心理健康均有诸多负面影响。经营者及主管部门、学校、父母都应担起责任，避免未成年人进入此类场所。为了实现这一目的，学校、家庭、社会应当形成协同模式，由学校、家庭承担对未成年人的教育、预防责任，由 KTV 营业人员等社会主体承担拒绝未成年人进入的社会保护责任，共同守护未成年人的健康成长。

首先，以家庭为中心开展教育和保护。家庭是孩子的第一所学校，父母是孩子的第一任老师。很多家长法治素养匮乏、教育观念落后，对未成年人不得进入 KTV 等娱乐场所的规定并不知情，也没有认识到 KTV 中人员成分复杂，其闪烁的灯光及高分贝的音响对未成年人的视力、听力都有负面影响。为了孩子的健康成长，家长必须教育未成年人不得进入营业性娱乐场所。此外，家长也有权对 KTV 等场所的营业行为进行监督，举报其违法经营行为，共同营造利于未成年人成长的社会环境。

其次，以学校为中心开展教育、保护与预防工作。从《未成年人学校保护规定》的内容来看，学校在预防未成年人进入 KTV 问题上应当承担以下两个方面的责任：在学生层面，不得安排学生进入营业性娱乐场所等不适宜未成年人活动的场所，发现学生进入的，应及时制止、教育并向该场所的主管部门反映；在社会层面，应当定期巡视学校周边环境，若发现上述场所，应采取对应措施并向教育部门或其他主管部门报告。此外，学校应就该问题提升与家长的沟通水平，除直接向家长提供教育指导、组织教育实践及教育指导活动、及时沟通学生在校问题外，还应当丰富教师的家庭教育指导知识。

最后，以社会主体为中心开展治理，促使经营者履行保护义务，营造良好社会保护环境。KTV 等营业性娱乐场所须自觉遵守法律法规的规定。依《娱乐场所管理条例》，歌舞娱乐场所若接纳未成年人进入，将面临没收违法所得、罚款乃至停业整顿的处罚。若娱乐场所未在显著位置悬挂未成年人禁入或限入标志的，亦会被相关部门警告并责令改正。主管部门应严格履职，落实对经营者违法责任的追究。此外，社区也可以联合学校和公益组织等资源，为家长开办家庭教育讲座、家长教育分享会、教育咨询窗口等，营造利于未成年人健康成长的社会环境。

家长对"不得允许未成年人进入经营性娱乐场所"的规定不知情的现象，反映出我国对《未成年人保护法》的宣传还需深入。各地民政部门、教育部门应当促进宣传工作的开展落实，法院检察院等司法机关、文化管理部门、图书馆学校等事业单位也应当予以配合，同时引导社会力量参与其中。新媒体背景下，信息的传播十分迅速，主管部门也可以与具有影响力的网络博主开展合作，让《未成年人保护法》更加深入人心。

《中国教育报》2023 年 1 月 6 日

学生写校名，写出亮丽景

四川省成都市成都外国语学校新津校区教师·王瑶

据澎湃新闻报道，江苏省常州一中学将校名题字权交给学生，每月更换学生作品。校名作为学校的门面，大多出自名家之手。新闻中的学校却把校名的题字权交给学生，颇有新意。可以想象，当学生看到自己书写的校名被挂在学校醒目的位置，师生及家长都将一睹其风采时，是多么喜悦、激动和自豪啊！

对学生而言，得到的是有效的激励和充分的肯定；对学校而言，收获的是教育理念的深入人心和师生的共同发展；对家长而言，是在孩子真实的成长和进步中，加深了对学校的理解和支持。显然，校名交由学生来写，看似小事，却写出了几道亮丽的风景。

第一道风景是学生自我成长的"原力觉醒"。"双减"政策之下，学校、社会、家庭都在寻求最大教育合力，思考如何唤醒学生的成长内驱力。显然，当学校、社会、家庭在为学生做"减法"时，还应提供展示平台和发展机会，为学生成长做"加法"。把校名题字权交给学生，就是为学生成长提供更多的机会。以此为契机，学校主动邀请学生参与学校管理，学生主动为学校发展贡献才智。一张小小的书法作品，既丰富了学校的育人氛围和人文环境，又唤醒了学生对传统文化的热爱与传承。当看到身边有同学的书法作品被学校如此隆重地呈现出来时，身边榜样的示范与引领让更多学生看见了成长的更多可能，看见了更加卓越、更加优秀的自己。潜移默化中，很好地激发了学生的自我发展意识。

第二道风景是学校办学理念的微创新。中小学领域自上而下的宏大改革、系统推进，常常因种种现实困境而步履维艰。在学校层面，与其创新词汇、营造氛围，做太多纸面上的改革，不如脚踏实地、结合实际，实施一些真正有利于学生发展的微创新。学生写校名活动将学生置于隆重的聚光灯下，校方眼中有学生，行动上也为学生成长深思熟虑。在校名题写这一事项上，把决策权、实施权、建议权还给学生，是将学生作为一校之主来对待。学校现代化治理体系的构建，就在这些微创新中得以推进、实施。办学为学生、发展靠学生，学生又在这种深层次的参与互动中收获了进取意识，深化了爱校情感。

第三道风景是家校协同育人的有效实践。在学生写校名活动中，看似只有学校和学生参与，实则不然，其背后还有无数学生家长的关注和评议。在协同育人过程中，学校把学生置于核心地位，家长乐见孩子成长，社会感受到教育之趣。家庭、学校、社会三方都在一场活动中找到努力的方向、合作的价值和教育的意义。"一切为了孩子"不再是一句空话，而是真正凝聚人心、共促成长的乐章。另外，学生写校名活动也丰富了德育活动的载体与形式，"五育"之中，德育居首。这样接地气、有内容、化繁为简的德育活动，真正做到了活动育人、环境育人，让一张小小的书法作品传递出巨大的育人能量。

我们乐见这样的教育风景。学校办学为学生、发展靠学生、心中有学生，学生和家长才会时刻感念师恩，时时铭记校情。

《中国教育报》2023 年 1 月 4 日

对娱乐化"校园暴力"的视频坚决说"不"

媒体评论员·王石川

"纸给我用一下",未经同意,室友一下子抽掉半袋纸巾;"吃啥呢,给我尝尝",室友夺过面包扔回面包袋;"水让我喝口",室友抢走可乐喝掉半瓶……镜头前,一名学生模样的主播在这一系列操作之下,一脸错愕、眼神无助。据媒体报道,这是某平台一则标签为"新型校园暴力"的短视频,播放量超百万。很多网友留言"搞笑""好玩",有人问"是剧本,还是真的",也有人直言"好可怜,太真实了""无助又可怜的小眼神,对于校园霸凌,我们要学会说'不'"。

不难发现,炮制这类短视频的人找到了流量密码,他们为了获得流量,大肆消费校园暴力。反对校园暴力本是一个严肃的法律命题,也是相关部门和学校履职尽责的分内事。然而,一些炮制者通过表演校园暴力,解构了此事的严肃性,这种娱乐化校园暴力的行为,是轻佻的,无法让人认同。

究其原因,娱乐化校园暴力会带来严重后果。比如,有受害者称:"我真不理解,为什么我们的噩梦成了别人的玩梗工具,被笑嘻嘻地表演出来。"此外,这类视频往往包含放狠话、动手打人等镜头,有些台词也较有攻击性。视频虽然标注了"无不良导向,未成年人请勿模仿""搞笑剧情,纯属虚构"的提示,但仍容易带来不良引导。

校园暴力不容娱乐化,也不容过度消费。有个案例是,一名"创作者"在某平台上连续发布两条讲述自己遭受校园暴力详细经历的视频。当记者询问其是否正在遭遇校园暴力时,她这样回复:"那只是文案,我编的,谢谢你的关心。"校园暴力原来可以创作？所谓的真实故事，原来只是一种跟风"玩梗"行为？问题是，"玩梗"只会让真正的受害者遭受二次伤害；过度创作校园暴力短视频，也会误导人们对校园暴力的认知。

不仅如此，网上涉及校园暴力的虚假求助以及娱乐化内容似乎让校园暴力变得不再可恶，而成了一些人调侃的对象，让那些真正需要帮助的校园暴力受害者受到二次伤害。

校园暴力娱乐化现象亟待整治。如何整治？首先，视频创作者要守住底线，不能为了流量出卖良知，不能为了利益、变现而剑走偏锋。对于视频创作者来说，不是不能关注校园暴力，也不是不能创作跟校园暴力有关的视频，前提是应有边界意识，如不能弄虚作假，不能娱乐化校园暴力，不能为了一己之私利而拨开别人的伤口。如果认为校园暴力可以"蹭流量"，无论采取何种方式挖掘都是理所当然的，那么这不仅背弃了基本道义，还有可能因踩上红线而被处理。

其次，平台应尽到主体责任。对于用夸张造型模仿校园暴力施暴者的举动，对于为了吸引流量而对校园暴力娱乐化的行为，平台不应该放行，更不应该允许它们在平台上招摇过市。对于相关视频，平台应当立即将其下架。抵制低俗不良内容，坚决屏蔽违法违规信息，这是短视频平台的基本责任。

最后，娱乐化校园暴力的视频在平台上盛行，也给监管部门提了个醒。这些视频不同于一般的违法违规视频，有一定的迷惑性，这就给治理提出了新挑战。如何精准出击，既不伤及无辜，也不放过问题视频，考验着监管部门的治理能力。比如，如何界定校园暴力娱乐化、如何认定相关视频踩了红线、如何认定相关视频给他人带来了实质性伤害以及如何依法依规处置问题视频等，都需要有一套明确而清晰的制度设计。

治理校园暴力是为了保护学生，治理校园暴力娱乐化也是为了给学生成长创造良好的空间。流量没有原罪，但是过度追求流量，为此不惜触碰红线，则视频创作者和平台都应该受到惩罚。我们对校园暴力要零容忍，对校园暴力娱乐化现象也要零容忍。

《中国教育报》2022 年 12 月 22 日

辱骂教师被处罚是一堂生动的普法课

山东省滕州市北辛街道通盛路小学教师·张淑君

河北省衡水市安平县"安平融媒"发布消息称,近日,王某在家长群内与班主任就孩子上网课迟到问题产生争执,随后王某在群里连续发送带有侮辱人格字眼的语音,对班主任进行侮辱性攻击。据央视网报道,接到学校报案后,当地公安机关依法对王某予以行政拘留 10 日处罚,并处罚款 500 元整。记者留意到,文末还附有一则短视频,系王某对自己的行为道歉。

一个值得注意的细节是,有律师指出,公安机关虽没有披露违法行为人辱骂的细节,但对王某作出行政拘留 10 日,并处 500 元罚款的顶格处罚,这在一定程度上就有了以儆效尤的意味。实际上,不管出于何种原因,不论是在线上还是线下,都不能侮辱他人人格,何况微信群属于公共平台。根据《中华人民共和国治安管理处罚法》,对公然侮辱他人或者捏造事实诽谤他人的,可以给予行政处罚。家长若有问题,应先稳定自己的情绪,向学校或教师反映,坚持诚恳、耐心沟通的原则。如果沟通不顺畅,达不成一致意见,则可通过与学校负责人或当地教育行政部门沟通,以正当程序解决问题。一时情绪失控、言行有失,往往会悔不当初。

随着社会经济的发展,人民群众对多样化优质教育的期盼和需求越来越强烈,而家庭层面多元化的教育诉求无疑给学校和教师带来巨大的挑战。这就需要学校一方面积极建立家校沟通机制,如利用微信群、QQ 群、校讯通等媒介平台与家长进行即时交流,利用家长会、家访、家长课堂等多种方式与家长建立日常沟通机制,并确立好规则细则;另一方面,畅通家校沟通渠道，让学校的教育理念、教学进度等及时被家长所知，也让家长的声音随时被学校、教师听到。学校有一整套完善的、操作性强的家校共育沟通机制，家长熟知从班级、年级到校级家校沟通的渠道、规则与程序，才能更好地实现家校协同育人。

尤其是在疫情形势严峻的情况下，家长和教师承受着较大压力，更需要做好家校沟通，双方携手共渡难关，减少孩子长时间在家上网课所产生的负面情绪，维持正常的教育教学进度。而在畅通家校沟通时，一个需要关注的点是法治意识的提升，即学校和家庭都要尊重制度、敬畏规则。要本着法治精神，知法懂法，学会合理、合法地表达教育诉求。毕竟包括家校微信群在内的沟通平台并非法外之地，家长和教师要秉承平心静气理性沟通的原则，追求教育效果的最优化。这既是家校共育的内在要求，也是尊师重教的良好表现。

缺乏法治意识，必定要付出不小的代价。在微信群辱骂教师被处罚，实则是为全社会上了一堂生动的普法课，让公众看到了无视乃至违背公序良俗的严重后果。以此为镜，家长和教师都应注意约束自我言行，为孩子做好榜样，共同打造良好的家校关系，这样才会形成教育合力，营造良好的教育生态。

《中国教育报》2022 年 12 月 1 日

减少"拍照打卡",提升劳动教育实效

江苏省宿迁经贸高等职业技术学校教授·吴维煊

自中共中央、国务院印发《关于全面加强新时代大中小学劳动教育的意见》以来,学校乃至整个社会对劳动教育的重视程度有了明显的提高。同时,教育内容及形式的多样化也为劳动教育的有效开展创造了良好条件。但有一个现象值得反思,如果学生每参加一次劳动活动,都要拍照打卡,还要将打卡留痕上传相关微信群进行材料汇总,劳动教育能起到真正的效果吗?这样的繁复拍照打卡程序会不会影响学生对劳动的态度?

按理说,组织学生上劳动课,目的是让学生全身心参与、手脑并用,亲历实际的劳动过程,最终树立劳动最光荣、劳动最崇高、劳动最伟大、劳动最美丽的观念。

只要学生在劳动过程中全身心投入,教育的目的就达到了。但如果在劳动的过程中,为了完成上级要求,把注意力过多投入到拍照打卡上,不仅影响学生劳动过程的连续性,也可能削减学生对劳动的敬畏感,最终影响的是对劳动的价值认知,甚至让劳动教育形式大于内容。

让劳动课回归教育初衷,有必要减少拍照打卡对劳动教育的干扰,以科学严谨的态度开展教学。首先,要对劳动教育的性质有科学认知。落实劳动教育需要依托课程,必须有一定的时间做保证,遵循学科内在的规律。在劳动课实施过程中,可以基于教育的需要留下有价值的资料,但如果不关注劳动质量及学生的劳动体验,以打卡及做材料为目的去拍照、录视频,不仅对劳动教育起不到促进作用,还会让劳动教育本末倒置。

其次，相关管理部门要适当减少通过留痕对教育进行评价的形式。现实中，一些劳动课教师为何在学生劳动过程中将很多精力投入拍照打卡？这与管理及考核方式有直接关系。如果主管部门习惯于在纸面材料上检查学校劳动教育实施情况，学校及任课教师就必须以相应的方式去应对。所以，相关管理部门应尊重教育规律，不要在短时间内向劳动课教师催要教学成果，更不要仅仅依据各种材料对学校的劳动教育进行评价。而应多加强对劳动教育的研究，对学校及教师劳动教育的开展提供有价值的指导和支持；对劳动教育所需要的师资、场地设施、经费投入等，进行合理规划和统筹安排，为各校劳动教育的实施创造必要条件。

最后，劳动课教师在课程实施过程中要态度严谨。虽然劳动课的教学内容、实施场地及教学形式与其他课程相比，具有很大的开放性和灵活性，但教学实施的严谨性与其他课程是一样的。所以，任课教师应明确教育目的，认真备课，按照教学计划开展教学，以严谨的态度对待每个教学环节，高质量完成劳动课的教学任务。在课程实施过程中要抓住关键环节，通过灵活运用讲解说明、淬炼操作、项目实践、反思交流、榜样激励等多种方式方法，增强劳动教育效果。

劳动教育的关键是注重教育实效。劳动教育的高质量开展，前提是方向不跑偏。减少拍照打卡对劳动教育的干扰，以科学严谨的态度实施教育，是值得认真思考的课题。

《中国教育报》2022 年 11 月 29 日

"心语信箱"是对留守儿童的温暖守护

山东省滕州市北辛街道中心小学教师·王静

据《中国教育报》报道，湖北省十堰市郧阳区梅铺镇九年一贯制学校现有学生 1019 名，其中有 200 余名留守儿童。为此，学校设立了 5 个"心语信箱"和 1 个"校长信箱"，各年级办和校长定期开箱，进行专门回复，鼓励孩子们把平时不敢说、不愿说、无处说的话倾诉出来，清除"心理垃圾"。

伴随经济社会发展以及工业化、城镇化进程的加快，一些地方尤其是中西部地区的农村劳动力离开家乡外出务工已成常态。受诸多客观条件限制，有的父母不得不将未成年子女留在家乡交由他人监护照料，由此产生不少农村留守儿童。

对于这种社会现象，党和国家一直高度重视。例如，2016 年，国务院颁布了《关于加强农村留守儿童关爱保护工作的意见》，要求积极为农村留守儿童提供假期日间照料、课后辅导、心理疏导等关爱服务。全国各地也积极进行探索创新，提升农村留守儿童的委托照护质量。

关爱农村留守儿童，切实保障其合法权益，很重要的一点是关注他们在学业和生活之外的心理成长。农村劳动力外出务工，客观上为子女的教育和成长创造了一定的物质条件，但由于亲子长期分离，容易使孩子出现不同程度的心理健康问题。从这个角度看，"心语信箱"或"校长信箱"聚焦农村留守儿童的情感需求，关注他们的精神发育，为他们提供了倾诉苦恼、抒发心事、打开心结的通道。这不仅具有可期的教育效果，也有一定的现实示范意义。

更值得点赞的是，对学生的每一封来信，十堰市郧阳区238所学校校长都坚持认真阅读，整理归类，及时予以回复或者安排教师一对一地与孩子沟通，让每封来信都有回音。及时发现并帮助留守儿童驱走心理阴霾，体现了当地学校管理者负责任的态度，也体现了高尚的师爱师德、对每个学生关心到底的职业精神。接下来，如果各学校能将开设心理健康教育必修课，把对学生的个性化心理咨询等工作做实做细，或者通过组织主题班会等形式，引导学生互相关心、相互倾诉心声、交流心中困惑等，无疑能取得更为理想的教育效果。

"心语信箱"是一面镜子，反映出留守儿童心理健康教育的迫切性与重要性。其实，无论是缺少父母陪伴的留守儿童，还是从城市返回户籍地读书的"回流儿童"，都需要家庭、学校和社区携手努力，给予及时、温馨、有效的心理支持。这是呵护留守儿童的必要之举，也是实现乡村教育高质量发展的应有之义。持续而有效的关爱举措往往会影响留守儿童一生的走向，为他们将来成长成才、回报社会、敬业奉献打下基础。

关爱留守儿童，让他们拥有一个美好的童年，是全社会共同的责任。尽管从长远来看，农村留守儿童问题的根本解决还有赖于乡村的全面振兴，但当下各方形成合力，通过多种方式让更多留守儿童的心灵得到呵护，情感得到慰藉，并为他们提供更加有益的成长环境，不仅能让他们有人生出彩的机会，也将从长远激发乡村经济、社会和文化发展的活力。

《中国教育报》2022 年 11 月 17 日

用好"家长群"，助力家校共育

浙江省宁波市镇海区教育发展研究院研训员·刘波

　　据中国政府网消息，广西玉林的李女士通过国务院"互联网＋督查"平台反映，陆川县某中学有家长以"感谢老师"为名，在微信群组织学生家长捐款，合计 70.61 万元。经核查，李女士反映问题属实。毫无疑问，家长群里发生的不可思议的行为，背后是学校管理的缺位。

　　家长在微信群组织捐款来感谢教师，而班主任居然心安理得地收下，准备发给其他任课教师。而且这不是一个班级的做法，是该校 25 个高三班级的统一行动，因此也就有了家长群收费高达 70 多万的怪现象。这样的做法肯定是不允许的，目前捐款已经全部退还给了家长。此外，广西壮族自治区在全区教育系统对该问题进行了通报，并组织开展警示教育和全面排查工作。

　　这种家长在微信群组织捐款感谢教师的事情，只是诸多被披露的家长群乱象之一。在移动互联时代，以微信群为主体的家长群是家校联系的标配。客观地说，家长群就好比一座桥梁，可以拉近教师与家长的距离。有些班主任做过调查，微信是家长最常用的社交工具，因此建立微信群方便实现家校沟通。但家长群如果使用不好，会有很多副作用，甚至会成为家校沟通的"雷区"。回归方便家校沟通、促进家校共同育人的本位，是当下家长群建设和管理不容忽视的问题。

　　2020 年 11 月，江苏一位家长在自己发布的短视频中大呼"我就退出家长群怎么了"，并因此登上热搜。这位家长认为教师要求家长批改作业、辅导功课，相当于让家长承担了教师应承担的责任和工作。当时这件事还引发了热议，不少人认为家长群成了"压力群"。梳理新闻不难发现，因为家长群而导致家校关系紧张的现象时有发生。比如，教师和家长在群里互怼，甚至吵架；更有甚者，家长在群里辱骂教师被行政拘留。按理说，家长和教师是守护孩子健康成长的同盟军，如果因家长群而心生罅隙，实在不应该。

有人认为，以前没有家长群，家校之间也能正常联系，因此家长群不建也罢。这种观点就有点走向极端了。我们没有理由去拒绝家长群这种便捷的沟通工具，而应以"工欲善其事，必先利其器"的心态，通过家长群来更好地建设家校育人共同体。

在家长群的管理和运作中，班主任要发挥好把关人的作用。在建群之初，班主任要在征求家长意见的基础上，明确群公约，清晰告知家长群的定位和禁止的行为。比如，不可在群里发红包、发广告链接、拉选票、炫耀自己的孩子、闲聊等。当家长群成为学校和班级信息发布的渠道、班级发展的问计场所、家庭教育经验的分享空间时，家长群便不会成为家校矛盾的爆发地。

班主任和教师不妨通过多种方式与家长建立联系。比如，多和家长电话沟通学生的情况，通过家访了解学生家里的学习环境和学习情况，通过家委会或家长代表会议听听家长的心声等。这样，班主任和任课教师对学生的关爱就能被家长更好地看到，自然也就能赢得家长的理解和尊重。

班主任和任课教师也应认识到，多花点时间和家长沟通其实也是自己的职责所在。当家长更加认同教师的理念和做法时，就会在教育孩子时和教师形成合力，取得更好的教育效果。当教师和家长建立了和谐的关系，家长群自然也能实现家校交流的时空延伸，助力家校育人共同体的建立。

《中国教育报》2022 年 11 月 16 日

多方努力引导青少年理性追星

山东省实验中学教师·吉林絮

媒体报道，日前，上海一名初二学生没到学校，家长报警后，派出所民警经过全力查找，终于在火车站附近的路边发现了带着拉杆箱的这名学生。原来该生迷上了某位明星，从打扮到习惯都追随"爱豆"（偶像），成绩出现下滑。这天与父母发生争吵，一气之下离家出走。经查看，该生带的行李箱内，满满当当的都是明星周边产品，连一件生活用品都没有。

因追星引发矛盾的类似新闻，时常见诸报端。追星不是一件新鲜事，由此引起的话题也一直没有停止过。年轻人有自己的"爱豆"，既可以丰富生活，释放缓解学习、工作、社交中的精神压力，找到志同道合的朋友，还可以将"爱豆"作为效仿的榜样，学习"爱豆"身上的好品质和闪光点，让自己有奋斗目标，内化成前进动力，促使自己变得更好。但也有一些年轻人一时没有把握好度，因为追星迷失了方向，严重影响了自己的学习和生活，有的不顾一切盲目消费，有的甚至出现离家出走、包机拦路等狂热过激行为。

相较于过去一张海报、一盘磁带追星的简陋和内敛，如今造星、追星现象更为普遍，追星方式早已发生翻天覆地的变化。从攒专辑、建贴吧到打广告、顶数据，从众筹见面到打榜应援，及至花钱助力"爱豆"实现出道梦想的"养成式"追星，当下追星族从被动仰慕成了主动接触，从私人行为成了群体行为，成了参与者甚至生产者，形成了粉丝经济、粉丝文化。

如何正确引导青少年尤其是中小学生追星，引导青少年理性对待"爱豆"，规范和引导粉丝文化领域的新现象，发挥正向价值，是家庭、学校和社会都应该重视的问题。

从家庭角度来看，孩子处于青春成长发育期，容易天马行空地胡思乱想，但是又处在叛逆期，不服说教，既敏感又脆弱。作为父母，应经常和孩子沟通，了解孩子的想法，发现有不良苗头后及时转移其注意力，不能粗暴阻止，与其爆发争吵和冲突。

从学校角度来看，学校在课堂教育和课外活动中，应重视榜样教育，引导中学生理性追星，在"粉什么、怎么粉"上做足功夫，提倡积极阳光、青春向善的优质"爱豆"，为学生提供正向力量和榜样参照，营造健康向上、积极进取、文明和谐的校园文化环境。班主任要根据学生追星的严重程度和是否影响学习，一对一进行跟踪辅导。

从社会角度来看，面对法律意识淡薄、价值取向尚未完全形成的低龄粉丝群体，全社会应全方位、多角度、零距离引导、规范其粉丝行为。一些媒体秉承娱乐至上理念，为博收视、赚流量，刻意打造选秀节目，贩卖明星周边产品，以青春、梦想等元素吸引粉丝狂热消费。有关部门应加强对媒体节目制作、视频平台、经纪公司、广告商等的监管，监督媒体坚守社会责任，防止过度商业化、资本化、娱乐化，对违规行为给予打击，持续整顿娱乐圈的风气。同时，抵制资本对粉丝文化的投机、利用、操纵及不良风气的侵袭。

作为青少年和学生个人，也要尽可能保持清醒的追星态度，端正心态，不要因追星影响了正常学习和生活。有"爱豆"很正常，但要学会辨别"爱豆"是否徒有其表，值不值得追，让其成为自己学习和生活的动力，而不能让追星成为学习和生活的全部。

追星并不可怕，不能因追星就否定一个人、一群人，应对他们积极引导。应通过全社会的共同努力，让追星成为青少年成长道路上的垫脚石，而不是影响其人生成长的绊脚石，让追星成为实现梦想的助力。

《中国教育报》2022 年 11 月 10 日

愿更多的校园善举被看见

浙江省宁波高新区实验学校校长、特级教师·罗树庚

近日，浙江省宁波市海曙区一位小学校长，持续多日背一名腿脚受伤的孩子上教学楼，引发社会关注。《宁波晚报》等多家媒体对此事进行了报道。许多网友表示，这是温暖的新闻、暖心的报道。一名教育工作者一个小小的善举，为什么能赢得这么多的好评呢？

因为传递了教育的温度。这种温度体现在对学生的关怀和发展上，体现在爱与被爱上，体现在用心用情关爱每一个孩子的成长上。为了避免突遇下雨时学生没有雨具，有些学校给各班准备了公共雨伞；为了让孩子冬天吃上热腾腾的饭菜，有些学校配备了带保温功能的餐具；为了方便腿脚受伤或残疾的孩子，有些学校专门设置了残疾人通道、残疾人厕所蹲位，并专门配备了轮椅；为了能让学生午休，有些学校特意采购了能折叠的课桌椅……这些点点滴滴的细节都是对"有温度的教育、有温度的学校"最好的注解。教育是否有温度，学校是否有温度，不在于口号喊得是否响亮，而在于师生之间、校园的空气中是否流淌着温暖、温馨、温情。只有从学生的成长需求出发办教育，教育才会有温度，学校才会赢得全社会最真挚的赞誉。

因为传递了教育的效度。说一千道一万，不如动手干一干。身教胜于言传，身教是教育策略中效率最高的。校长背学生，不仅是对学生的一种言传身教，也是给全体教师作表率。榜样的作用是无穷的。校长率先垂范，校园里就会形成一种"以上率下"的良好氛围。你有困难，我搭把手；等到我有困难，就会伸过来更多的援助之手。整个学校乃至全社会就会形成"我为人

人、人人为我"的良好风气。喊破嗓子，不如做出样子，学校教育如此，家庭教育也是如此。

因为传递了教育的气度。校长背学生，如果不宣传，这个小小善举想必不会引起如此多的关注。校长的美德之所以众所周知，是因为有学生家长给教育行政部门写了表扬信。网友们纷纷表示，家长碰到了一位有仁爱之心的好校长，学校碰到了一位懂感恩的好家长，于是便有了暖心的新闻。这则暖心的报道，向我们传递了家长与学校相互成全、彼此成就的佳话。家长与老师、学校的相遇，本来就是一场爱与信任的邂逅。相反，如果家长对学校、对老师缺乏信任，喜欢把学校、老师对孩子的教育言行"上纲上线"，学校、老师在教育教学中出现一点点不足，家长就揪住不放，久而久之，学校、老师做事情就变得谨小慎微、战战兢兢。试想，如果这位受到帮助的学生家长没写表扬信，我们就不可能获知这个有暖度的新闻。一个小小善举能受社会关注，一定是被家校之间的和谐氛围感染到了。这样的家校关系，才是大家心目中应有的模样。家校之间相互成全，才能成就孩子精彩的未来。

类似于校长背孩子的暖心场景，其实时常在学校上演。早高峰，为了避免交通拥堵，为了孩子们的安全，许多教师自觉护送孩子过马路；放学时，突遇大雨，不少教师会自发为孩子们打伞护送他们出校门；校门口出现积水，不少教师会毫不犹豫地背孩子过积水路段……这些充满温情的画面，时常被家长捕捉到，成为社会热议的暖新闻。对于教育工作者而言，做这些其实理所当然。这些事件之所以成为社会热议焦点，与其说大家在点赞暖心举动，不如说大家是在点赞有温度的美好教育。

《中国教育报》2022 年 11 月 4 日

校长回归教学一线也是回归教育常识

媒体评论员 · 朱昌俊

开学前夕，安徽省合肥市包河区出台了《区属中小学书记校长参与一线教学的规定》。自今年秋季开学之日起，合肥市包河区 52 所区属中小学共计 55 名书记、校长全部排出课表，陆续走上讲台，旨在发挥自身教学能手优势，为广大教师作出表率，树立教学为先的鲜明导向。

在很多人看来，中小学的书记、校长是管理岗位，不再参与一线教学似乎是理所当然的，这甚至被当成了对管理者的一种"奖励"。但实际上，绝大部分的书记、校长，都是在多年的一线教学磨炼中脱颖而出的，要求他们不完全脱离教学一线，这既是对优质教学资源的最大化利用，也有利于增进他们对于教师和学生的了解，从而为管理决策的科学性增添更多的保障。因此，因地制宜地要求中小学书记、校长参与一线教学，这样的做法可谓多多益善，值得鼓励。

应该看到，教育教学本就是中小学的中心工作。身为学校管理者的书记、校长，继续参与一线教学，这不啻为对"教育为本"的一种积极示范，有利于激发全校教师对于教学工作的更多认同，进一步增强教育共同体意识。尤其是在一些基层学校，师资力量本身就相对紧张，管理者继续担任任课教师，也有利于盘活教育资源，为其他教师减负。

当然，在实践中，学校管理者确实也有自身的事务性工作。所以，必须创造更好的外部条件保障书记、校长有精力参与一线教学。比如，这次《区属中小学书记校长参与一线教学的规定》就明确，为确保中小学书记、校长安心教学，包河区教体局将每周一作为全区教育系统"无会日"，原则上不安排须由书记、校长参加的会议。并且强调，上级领导来学校调研、检查时，书记、校长如有教学任务，无须陪同。此外，也应该优化相关考核，解除书记、校长参与教学的后顾之忧。

更进一步来看，让学校管理者能够将更多精力放在教学上，实际上也是让他们更好地回归自己的"专业"角色，以实际行动带领师生共同聚焦于教育教学。比如，一些本不属于学校管理范畴的事务性工作，或者说与教育教学无关的工作，应该能减尽减，这是近年来为中小学教师减负的应有之义，实际上也是在给学校管理者减负。也就是说，在推进为教师减负的过程中，学校管理者的角色其实也在发生着变化。其中之一，或许就是他们也能够跳出过多事务性工作的"打扰"，有更多的时间和精力去关心甚至直接参与一线教学。这对于推进教育教学改革、提升课堂质量而言，都是大有裨益的。

说到底，教育是一个讲究专业的领域，也是一种非常注重传承的事业。创造条件，鼓励身为学校管理者的书记、校长依然能够坚守一线教学，这也是对教育精神和教育本质的一种还原。这些年，一些大学校长、院士等为本科生上课的现象获得一致好评，原因也正在于此。因为他们让人看到了教育最本真的东西。这不仅会激励学生，对年轻教师而言，也是一个"传帮带"的过程。

在校园内，无论是常年坚持在一线教学岗位的专任教师，还是作为书记、校长的管理者，他们本质上都应该是师者。他们的职业荣耀，他们所获得的社会尊崇，都不是因为职位有多高，而是来自教书育人这件最为核心的事。让中小学书记、校长依然能够坚守三尺讲台，就是要让所有的师者都能够扮演好教书育人的角色。这对于校风、教风、学风，相信都能够带来积极的变化。

《中国教育报》2022 年 9 月 27 日

未成年人整容隐患多

职员·堂吉伟德

有媒体记者在中国医学科学院整形外科医院了解到，最近这段时间，医院的整形手术预约量已出现翻倍增长，咨询量最多的是眼睛部位的整形，其次是鼻子部位的整形。此外，玻尿酸填充、瘦脸针、光子嫩肤等美容项目咨询量也暴增。一些医美机构揽客时，习惯制造"容貌焦虑"，向年轻人甚至是未成年人输出单一审美观以及不健康的价值观。

未成年人整容因参与人数增多而形成热潮，毕业季往往演变成"美容季"。有调研显示，在互联网医美消费平台上，"95后""00后"占比过半。年轻医美消费人群占比逐年增加。以19岁以下中国医美消费者占比为例，2017年为15.44%，2018年为18.81%。爱美之心，人皆有之，追求高颜值本无过错，但如果求之过急，则会本末倒置。对于未成年人来说，如果坚持"颜值即正义"的价值判断，听从商家宣传而盲目跟风，极有可能得不偿失。

医美行业因服务质量参差不齐而有着巨大隐患。根据相关数据，全国超过8万家生活美容店铺非法开展医疗美容项目，具备医疗美容资质的机构仅约1.3万家。在合法的医疗美容机构当中，约15%的机构存在超范围经营的现象。在美容行业，近年关于美容院整容失败导致消费者毁容乃至发生意外的案例频发。根据中国消费者协会的一项统计，10年左右的时间里，我国平均每年因为整形美容毁容毁形的投诉近2万起。据媒体报道，一位母亲寒假里带着14岁的女儿到一家私营医美诊所做"埋线双眼皮"项目，结果女儿左眼手术失败，几近毁容，这位母亲懊悔不已。

未成年人身体尚未发育成熟，因而整容存在极大风险。正如相关专家所言，未成年人的骨骼、脏器未发育完全，进行手术有风险，在骨骼未发育完全时进行美容整形手术，手术后效果可能与预想的要差很多。更重要的是，处于发育期的未成年人，"塌鼻梁""朝天鼻"等情况，实际上通过后期骨骼的发育会得到一定弥补，过早手术反倒会影响正常发育。同时，心智上的不成熟也会增加手术失败的风险。

未成年人热衷于整容会导致价值走偏。美在心灵而非外表，过度注重颜值甚至将其作为第一要务，既会加剧整个社会的颜值焦虑，也会带坏社会风气，使得未成年人从小就陷入以貌取人的认识误区，形成单一审美观以及不健康的价值观。"当不了学霸，那就当校花"看似是一种调侃，实则蕴含着未成年人价值观的走偏。未成年人跟风式参与其中，容易进一步导致社会价值观的扭曲和风气的恶化，甚至形成一种恶性循环。

未成年人过度整容会带来消费透支。未成年人应坚持量力而行，不宜过度超前消费，否则后患无穷。例如，收入有限的年轻消费者，受到虚假广告的吸引，为做医美贷款，并被迫偿还不合理的高额利息。"举债消费"的后果连成年人都难以承受，未成年人面临的风险更高，既会因被讨债而影响生活与学习，又可能因难以承受压力而采取极端行为。如果利息过高和时间过长，也会加重整个家庭的偿还负担，甚至影响家庭和谐。

对于愈演愈烈的未成年人整容热，应高度警惕。改善这种状况，离不开全社会的共同努力，要从保护未成年人的高度去强化各方责任，升级保护举措，真正筑好"防护墙"和"护城河"。

《中国教育报》2022 年 8 月 30 日

用好红色资源，滋养青少年爱国情怀

中共河南省委党校讲师·吕培亮

近日，教育部等四部门联合印发了《关于用好烈士褒扬红色资源　加强青少年爱国主义教育的意见》（以下简称《意见》）。《意见》提出了要积极发挥烈士纪念设施红色教育阵地作用，要充分调动广大青少年积极性，助力英烈精神研究和宣传，要深化英烈精神教育实践进学校、进社区，要加强对在校烈士子女的关心关爱等系列举措。这对于引导广大青少年自觉缅怀、纪念、尊崇、学习英雄烈士，厚植爱党、爱国、爱社会主义的情感，让红色血脉、革命薪火代代相传具有重要意义。

青少年是祖国的未来，也是中华民族的希望。作为青少年，往往处于人生理想信念、价值观念和行为取向亟待形塑的关键阶段。面对当前世界多极化、经济全球化、社会信息化和文化多样化等错综复杂的影响，如果不及时进行引导和加强爱国主义教育，则容易导致青少年国家意识淡薄、民族精神缺失。因此，对广大青少年进行爱国主义教育，加强爱国主义情怀培育，需要从小做起、从教育抓起，确保系好系牢人生第一粒扣子，走好走稳人生第一步台阶。

红色资源作为中国最鲜活的历史教材，记载着中国革命的伟大历程和感人事迹，见证了中国社会最深刻、最伟大的变革，凝结着中国共产党百年奋斗的红色基因，从而成为中华民族最宝贵的精神财富。可以说，革命时期遗留下来的遗物、遗迹、遗址等历史遗存以及后来修建的纪念碑、纪念馆、纪念堂等物质形态的文化资源，就是一座"红色宝库"和"精神富矿"。因此，我们一定要利用好红色资源，发挥好革命博物馆、纪念馆、党史馆、烈士陵园等党和国家红色基因库的优势，引领广大党员干部群众，尤其是青少年厚植爱党、爱国、爱社会主义的情感。

用好红色资源，讲好中国的红色故事，不断增强红色教育的吸引力和影响力，关键在于不断创新教育内容和形式。推动红色文化资源进教材、进校园、进课堂；结合抗战胜利纪念日、烈士纪念日、国家公祭日、国家宪法日等特定纪念日，组织广大青少年参与各种活动，不断增强其仪式感和使命感；结合青少年发展阶段和教育规律，采用大数据、云计算、人工智能和虚拟现实等高科技手段，实现线上与线下相结合，从而创设全景式、体验式、沉浸式等多元化的教育环境；着力构建中央重视、政府主抓、学校推进、社会支持、家长参与、学生受益的红色教育体系，不断厚植青少年爱国主义情怀，从而坚定新时代青少年崇高理想信念。

爱国不仅仅是一种情感的表达，更需要落实到行动中。爱国不能停留在口号上，而是要把自己的理想同祖国的前途、把自己的一生同民族的命运紧密联系在一起，扎根人民，奉献国家。对于青少年爱国主义教育，不能仅仅停留在爱国情感的培育环节，同时也要重视爱国主义的表达环节，也就是要引导广大青少年积极投身到社会实践中去，使爱国热情以更加科学文明的方式得以抒发。这就意味着要积极搭建青少年沟通社会的桥梁，使他们走出教室、走出校园，增强对国家、对社会的了解，从而使青少年在社会实践中明确人生方向和坚定政治立场。

爱国在不同的历史时期有不同的内涵。青少年既是实现第一个百年奋斗目标的经历者和见证者，更是实现第二个百年奋斗目标、建设社会主义现代化强国的主力军和生力军。因此，我们通过充分利用红色资源，发挥好红色资源的教育功能，进而引导青少年树立正确的人生观和价值观，对帮助广大青少年更好地肩负历史使命和时代责任，实现中华民族伟大复兴的中国梦而接续奋斗具有重要意义。

如今，随着中国特色社会主义进入新时代，社会主义中国日益走近世界舞台中央，我们要更加重视红色资源利用，积极引导青少年把爱国情、强国志、报国行自觉融入到坚持和发展中国特色社会主义事业、建设社会主义现代化强国、实现中华民族伟大复兴的奋斗之中。把红色资源作为坚定理想信念、加强党性修养的生动教材，讲好党的故事、革命的故事、根据地的故事、英雄和烈士的故事，加强革命传统教育、爱国主义教育、青少年思想道德教育，把红色基因传承好，确保红色江山永不变色。

红色资源的重要意义和珍贵价值，就在于其承载着党的光辉历史和优良传统，并在当下持续发挥精神引领的作用。爱国是人世间最自然、最朴素，也是最深层、最持久的情感。

我们应通过弘扬红色传统、接受红色洗礼，把红色资源优势转化为爱国主义实践行动，引导青少年树立和坚持正确的历史观、民族观、国家观、文化观，使其认识到红色政权来之不易、新中国来之不易、中国特色社会主义来之不易，进而深刻认识中国共产党为什么能、马克思主义为什么行、中国特色社会主义为什么好，最终成为一名合格的社会主义建设者和接班人。

红色是中国共产党、中华人民共和国最鲜亮的底色，在我国960万平方公里的广袤大地上，红色资源星罗棋布；在我们党团结带领中国人民进行百年奋斗的伟大历程中，红色血脉代代相传。我们一定要利用红色资源，传承红色基因，赓续红色血脉。如今，我们早已远离战火纷飞的险境，但一定不能让广大青少年忘记中国共产党走过的路，忘记中国共产党从哪里来最后要到哪里去。唯有如此，我们的红色江山才会永不变色。

青少年最富有朝气，也最富有梦想，而青少年阶段是人生的拔节孕穗期，最需要精心引导和栽培。我们要利用好红色资源，培养青少年爱国意识，厚植爱国主义情怀，进而激发其爱党爱国的热情、坚定跟党走的信心，才能确保红色基因、革命薪火代代相传，才能确保中国共产党开创的革命事业不断前进。

《中国教育报》2022年7月8日

教育的仪式感不能依赖高消费

钟焦平

据媒体报道，近日安徽池州某幼儿园教师在班级微信群发通知，让大班孩子交200元拍一套精美毕业照。此做法引起了部分家长的质疑。很多网友对此发声，有的吐槽自己孩子在幼儿园花钱拍毕业照的经历，有的对这种付费项目表示理解。

近年来，随着生活水平的提高，每到毕业季，拍出别出心裁的毕业照似乎成为学生毕业的标配，连幼儿园的小朋友也不例外。给孩子拍一套走心的毕业照能增加毕业的仪式感，为孩子成长留下一份难得的回忆，的确是一件颇有意义的事情。但如果其中掺杂了商业的味道，花费颇多，初心很好的事也会跟着变了味儿。在拍一张毕业照上动大手笔，高成本制作，未免有些本末倒置。

也许有人会说，幼儿园请专业的摄影机构来给孩子拍照，只要不是强制性消费，没什么不妥。相信很多幼儿园的初衷是好的，但这种让家长高消费的做法却不一定妥当。例如，对于需要自费的项目，有没有经过家长的充分讨论？有没有谨慎考虑潜在的绑架性消费风险，给家长造成额外负担？就拿自费拍毕业照来说，不少家长吐槽："不交，就不能给孩子留下纪念；交吧，实在是感觉有些贵，让人不舒服。"特别是家长如果不付费给孩子拍毕业照，孩子就有可能被老师单独安排，随便拍几张照片。考虑到孩子的心理落差，家长虽有不满，最终也只能妥协。

现在学校很重视教育的仪式感。仪式以象征的意象激发人的情感和想象。教育的仪式感是学生能够直接体验到的一种精神文化，它通过环境气氛、仪式程序、服饰音乐等因素来传递一所学校的教育理念。具有仪式感的学校生活，有利于在潜移默化中激发孩子积极向上的情感。

特别是对学龄前儿童来说，理解道德品质、社会规范等抽象概念更需借助具有仪式感的多彩活动。

但现实生活中，一些学校理解教育的仪式感可能容易走入误区，即看重形式感、场面感，以"大操大办"来衡量仪式的分量和内涵，以为开学典礼、毕业典礼才是需要重视的"高光"场合。有的幼儿园为了把毕业活动搞得隆重、与众不同，大手笔包场开毕业派对、搞亲子豪华走秀等。五花八门的毕业活动更多的是来自成人视角而非儿童立场，孩子的毕业季简直成了家长的"烧钱季"。

其实，仪式可大可小，仪式感重在韵味。这种感觉可以在大型仪式中显现，但更应该蕴含在日常的教育小事中。很多看起来花哨、新鲜的仪式，不仅消费高，效果也不一定好。教育的仪式感应以学生的实际感受为标准。就拿毕业典礼来说，好的活动设计是以孩子的内在需求为出发点，让孩子感受到对学校的归属感、师生同学间的珍贵情谊以及对未来成长的期待。互换照片、一起动手制作纪念册、帮助同学完成一个小心愿、校内帐篷露营告别仪式等，走心的活动设计远比一些高消费的活动项目更能调动孩子的参与感。

仪式感相当于教育工作的一个按钮，按下这个按钮，能强化孩子对特殊时刻的感悟和记忆。仪式感无须倚重物质基础，学校和教师应该在日常的教育工作中具备塑造教育仪式感的意识，用教育的智慧赋予每周、每天或每件事以特别的仪式，让校园里每一个普通的日子都变得有趣和值得纪念。其实，学校里的许多生活琐事经过设计后，都可以成为具有仪式感的暖心活动，就看学校和教师能不能发现学生的真正需求。例如，在二十四节气、传统节日等特定时间节点组织学生动手做美食，将传统文化与"食育"文化结合；利用午餐后的休息时间，组织小朋友依次进行儿歌展示，锻炼表达能力；利用大课间设计送祝福活动，为班上的同学过一个简单温馨的生日……

如果能让学生乐在其中，积极感受活动的内在魅力，即便不令旁观者感到惊艳，依然是成功的。

　　寻找学校教育的成功与不足，仪式感可以作为一个量规，但不能刻意追求。仪式感的打造不能依赖高消费，更不能掺杂商业味儿，否则将有可能触及教育的底线，造成不必要的误解。

《中国教育报》2022 年 5 月 27 日

手写信里蕴藏大写的师爱

本报记者·张贵勇

"我的梦想是当一个舞蹈家，可是我的妈妈非要我去学钢琴，怎么办？""我真是既难过又后悔。我没照顾好我两岁半的弟弟，让他受伤了。""长大了我也想当校长，怎样才能做到呢？"……据媒体报道，韦莉自 2020 年 8 月担任武汉楚才小学校长以来，为了与学生们保持亲近，设立了"校长信箱"。604 天里，她共收到 1600 多封学生来信，手写回信 700 多封，平均每周回信近 20 封，累计 10 万余字。

看似冷冰冰的数字，背后是发生在师生之间无数令人感动的故事，一个个幼小的心灵得到慰藉和指引，一个个纯真的梦想得到尊重和点燃。透过 10 万余字的手写信，我们可以看到用心的德育实践、高妙的教育智慧，也可以看到一位教育者近乎虔诚的坚持，感受到伟大的师爱、高尚的师德，以及新时代教育者如何心系学生，怀着满腔热忱授业解惑、教书育人。

也许有人会说"校长信箱"早已有之，并不稀奇，不值得大惊小怪。的确，现实中许多学校设立了"校长信箱"，但有的没过多久就落满灰尘，乏人问津，成为颇具讽刺意义的摆设。所谓天下难事必作于易，天下大事必作于细，能否一以贯之地珍视"校长信箱"的作用，拿出每信必回的劲头，做到尽己所能回应学生的关切，听取学生的心声或建议，努力解决学生遇到的问题，往往反映了一所学校的办学理念和学校管理者的教育境界。所以，重要的不是有没有设立"校长信箱"，而是能否以手写信的坚持，始终把学生放在心上，把育人理念落到实处。

校长也好，教师也罢，每天都在与学生打交道，因此努力捕捉到他们的情绪波动与心理变化，发现教育的密码，其实是一项基本功，也是践行爱的教育的客观要求。立德树人不在纸上，不在空泛的口号里，而是体现在教育者具体的教育行为中、师生之间的日常互动中。学生的事无小事，学业成绩不佳、与同学有了矛盾、没有得到奖励、家庭发生变故等，都会对他们当下和未来的生活产生一定的影响。身为教师，应该俯下身来，多关心、倾听、了解学生的心里在想什么，做值得信任的倾听者、学生烦恼的化解者。心理上的问题得到化解，学生便会全力以赴地学习、追梦。教育者得到学生的尊重与信任，也会拥有更多的成就感、幸福感，进而谱写一段段感人的教育佳话。

亲其师，信其道；尊其师，奉其教；敬其师，效其行。学生，尤其是小学生的年龄和认知特点，决定了教育者要注重拉近与学生的关系，努力获得学生的喜爱与信任，成为他们的知心朋友与成长伙伴。无论何时，教师都不能只做传授书本知识的教书匠，而要成为塑造学生品格、品行、品味的"大先生"。教师的职业特性决定了教师必须是道德高尚的人群，必须深谙教育教学规律和儿童心理发展规律，拥有与学生心灵对话的能力。优秀的教师不仅是富有学识、善于教学的师者，还是以德施教、以德立身的楷模，用自己的坦诚与行动赢得学生的爱戴，做好学生的引路人。

随着互联网技术和社会经济的快速发展，中小学德育工作变得更有挑战，教师的作用显得愈加重要。教育是培养人的事业，让广大学生更加健康阳光，是落实立德树人根本任务的应有之义。从充分利用好"校长信箱"这一媒介开始，真正将之作为师生心灵沟通的渠道，从一封手写信开始，走进学生的内心，唤醒他们积极奋进的精神动力，即是对标"四有"好老师的标准，在各个方面给学生以帮助和指导，用大写的师爱奏响新时代的教育赞歌。

《中国教育报》2022 年 4 月 26 日

遏制校园欺凌要把工作做在日常

钟焦平

日前，网上流传一段"学生被多名同学煽打"的视频。对此，安徽省颍上县政府进行了调查核实和回应。经查，相关视频反映属实。当地公安机关已对参与殴打的 12 人依法作出处罚，并组织心理咨询师和家庭教育指导师对被殴打的学生进行心理疏导。同时，涉事学校校长、副校长、班主任等也相继被处分，当地教育部门将在全县各类学校开展一次拉网式排查，坚决防范校园欺凌，杜绝此类现象再次发生。

校园欺凌事件的发生令人痛心、揪心，视频中多名学生参与殴打，情节尤为恶劣。安全是校园的底线，虽然校园欺凌只是小概率事件，但它的发生仍然会冲击公众对校园安全的认知，尤其会引发家长群体的担忧。

事件发生后，当地政府第一时间组织多部门参与调查核实行动，并及时向社会作出回应，处罚参与欺凌的学生，处分相关负责人，有效应对舆情。从一些校园安全事件发生后的舆情走向来看，有些事件往往因为真相调查和公布不及时，导致产生大的舆论风波，造成恶劣影响。所以，这也提醒其他地方，在遇到类似事件时要及时发声，用权威、全面的事实真相，用依法严肃处理的坚决态度，回应公众关切，守护公众的安全感。

同时，我们也有必要追问，如果不是相关视频在网上热传，不是相关视频引发了舆情，这起校园欺凌事件处理起来能否如此及时、有力？在涉事学校，此类校园欺凌事件是不是偶发现象？之前有没有相关问题？不可否认，校园欺凌具有偶发性、随机性等特点，个别校园欺凌事件的发生，并不能完全反映当地的真实教育生态。但是从更大的范围来看，最终被曝光出来的校园欺凌事件恐怕只是总量的一部分。

因此，减少和杜绝校园欺凌，更重要的还在于日常预防和治理。随着相关法律法规的完善，校园欺凌防控机制正在不断健全。新修订的《未成年人保护法》规定，学校应当建立学生欺凌防控工作制度，对实施欺凌的未成年学生，学校应当根据欺凌行为的性质和程度，依法加强管教。新修改的《中华人民共和国预防未成年人犯罪法》也明确，学校应当加强日常安全管理，完善学生欺凌发现和处置的工作流程，严格排查并及时消除可能导致学生欺凌行为的各种隐患。为更好地贯彻落实新修订的《未成年人保护法》，教育部颁布了《未成年人学校保护规定》，针对学生欺凌、校园性侵害等构建了专项保护制度，明确要求构建防治学生欺凌的规则体系，明确了从预防、教育、干预制止到认定调查、处置等方面的防控具体要求，尤其是细化了构成学生欺凌的情形和认定规则，具有很强的操作性、实用性。

可以说，如果能贯彻落实好这些要求，在学校日常管理中把预防、教育、干预制止、认定调查、处置等工作做到位，校园欺凌现象必然会减少，学生的权益能够得到更切实的保障。此次事件中，涉事学校多名负责人被处分，也间接说明了相关工作没有做好、做到位，有进一步改善和提升的空间。

校园欺凌事件是教育之殇。极端案例的背后，或多或少与父母没有承担起监护教育未成年人的法定责任以及学校、社会教育缺位等深层次原因有关。所以，防治校园欺凌，需要学校、家庭、社会携手同行，构建相互协调的教育保护体系。不仅需要在预防和及时处置上下功夫，对校园暴力第一时间制止，在严惩欺凌者上亮明态度，更要关注欺凌行为产生的原因，铲除校园欺凌行为产生的土壤，从而构建一个和谐、安全、友爱的校园环境，全方位保护未成年人健康成长。

《中国教育报》2022 年 4 月 8 日

岂能任由校门口的抽奖游戏坑骗学生

媒体评论员·朱昌俊

在不少小学周边，有很多文具店、小卖店，店里除了零食、文具、玩具，还有一些摆在显眼位置的商品，上面印着精美的卡通形象，是用来抽奖的商品。据媒体报道，流行的卡通形象、心仪的奖品、抽奖的刺激，这样的诱惑让未成年的小学生难以抵挡。

从媒体的报道来看，这些让不少孩子乐此不疲的抽奖玩具，在全国多地的校园门口都有售卖。它们虽然表面上是"抽奖"游戏，但实际已有"变相赌博"的嫌疑了。比如，一些商店直接推出"现金大派送"，将抽奖奖品由玩具变成了现金；还有的名曰"砸金蛋"，打着"最高200元"现金激励的噱头刺激孩子们不断掏钱参与。

这个过程中，小卖部首先利用的是孩子们的好奇心，而随着参与的深入，"开奖"结果又不断强化着孩子们的攀比心与好胜心，这自然让一些孩子难以自拔。长此以往，难免会让一些孩子养成"赌博"甚至成瘾心理。一些学生明知道中奖概率很低，但还是忍不住抱着"赌一把，单车变摩托"的心理持续参与。因此，当这类明显带有"变相赌博"性质、专坑小学生的抽奖玩具营销蔓延到了校园周边时，我们不能不提高警惕。

事实上，其中一些看似精美的抽奖玩具，很可能是"三无"产品，如记者打开一些抽奖玩具后，甚至能够闻到一股刺鼻的味道。而不少抽奖的赔率，则直接由老板操控，更是涉嫌欺诈。因此，无论是从保护未成年人的角度，还是基于产品质量的监督管理而言，对于这些在小学生中流行的抽奖游戏，都应该有外部监管的及时跟进，不能任由其肆意蔓延。

近些年，学校周边的市场环境问题时常引发外界的担忧。像此前一些商店销售的文具盲盒就引发了不少关注。但相比文具盲盒，此次曝光的抽奖玩具，实则更具"赌博"色彩，它给未成年人造成的负面影响，有过之而无不及。

客观来说，近些年对于学校周边市场环境的规范，从社会到相关部门都加大了关注力度。但是，一些网红商品的层出不穷，加上市场经营者营销意识的增强，不仅进一步增加了一些商品和服务对孩子的诱惑力，也给监管和未成年人教育提出了新要求。

这一现状，首先提醒监管部门，应该将校园周边的市场环境规范纳入常态化监管的范畴。对一些"三无"产品，应该加大查处力度，严惩不良商家；而对一些不符合儿童身心健康的产品和服务，也应该及时予以限制和规范，而不是任其忽悠学生。

当然，很多面向未成年人的产品，质量不过关乃至压根就是"三无"产品，也要求对其的治理不能限于对学校周边市场的规范，更应该顺藤摸瓜，上溯源头。例如，在今年"3·15"国际消费者权益日到来之前，就有地方检察院履行未成年人公益诉讼职责，通过前期缜密调查，以诉前检察建议的方式督促行政机关依法履职，查处多起涉嫌售卖无厂名、无厂址、无产品标识的儿童玩具案件，并追究了相关批发商的责任。类似这样的主动治理、源头治理，显然多多益善。总之，面对"三无"玩具的泛滥，应该完善监管机制，厘清监管责任，形成齐抓共管的治理格局，最大限度压缩其市场空间。

为孩子营造一个健康的成长环境，还需要最大限度地凝聚社会合力。比如，对于学校周边的环境，学校和老师应该是最熟悉的，那么就应该积极承担起监督者和反馈者的责任，与监管部门构建良性互动，做到有问题及早反馈、及早解决。同时，学校和家长也应该有意识地强化相关教育，让孩子树立健康的消费意识，远离抽奖等"赌博"游戏。应该看到，瞄准孩子的诱惑越多，未成年人面对的成长环境越复杂，就越需要教育跟上。

《中国教育报》2022年3月24日

以专业力量提升校园法治建设水平

华东师范大学青少年法治教育协同创新中心研究人员·刘扬

近日，教育部颁布了《中小学法治副校长聘任与管理办法》，法治副校长成为近期学校教育和管理领域的热词。该制度意在遴选公检法系统在职的工作人员到中小学担任专门职务，开展专项培训，使教职工熟悉学校保护法律法规、明确个人责任、提升业务熟练度，负责学校的法治宣传教育、未成年人保护、实施教育惩戒等事项。对法治副校长具体职责的扩展更是本制度出台的亮点，有利于进一步保障未成年人权益，推动中小学管理工作进一步走向标准化和规范化，提升校园法治建设水平。

从宏观层面来讲，法治副校长制度是社会主义法治国家建设在教育领域的具体落实。依法治国，教育先行。法治教育要从基础教育，尤其是义务教育阶段做起。中小学阶段的学生正处于身心发育、价值观培养的关键期，必须要有专门负责人来做好中小学阶段的法治教育和宣传工作。法治副校长正是落实国家依法治国战略的逻辑主线上的关键一环。这一举措使得法治建设"进校园"有了基础落脚点和具体负责人，改变了以往法治教育和校园法治建设"靠任课老师""靠自觉"的局面。

从微观层面来讲，法治副校长职务的设置可以促进法治教育常态化。虽然课堂是法治教育的"主阵地"，但法治教育绝不仅仅是依靠听听讲座、写写心得就可以达到预期效果。要想实现学生法治意识的"茁壮成长"，就必须为其打造一片肥沃的校园法治土壤。法治副校长的设置，有利于从根本上开展对学生的良好行为习惯、法治底层思维的培养。大到教师侵害学生、校园欺凌等问题的处理，小到引导学生形成日常遵守课堂秩序、排队打饭等习惯，都可以成为培养学生懂规则、守法律、依法维权等素养的途径。

从实施效果来讲，法治副校长大多来自公检法系统，其本身具备专业的法律素养和过硬的专业能力，保证了良好的教育和管理效果。以往，校园安全保护和法治教育只能依靠校内任课老师来完成，然而，由于法律知识本身具备专业性和复杂性，普通教师通常难以胜任。法治副校长可以结合自身的实践经历现身说法，对法律条文背后所蕴含意义的传达也更加准确。法治副校长还可以为校内教师开展专门培训，提升教职工队伍的法律素养，帮助教职工提升应对校园欺凌、校园性骚扰等保护学生事务的能力，可以通过专业知识对校规校纪、管理办法进行审核，妥善处理各类涉法涉诉案件。

从制度设计上来讲，聘任制的法治副校长显然要比"兼职法治教师""校外法治辅导员"等设计效果更佳。一方面，通过聘任的方式将其职务在学校内固定下来，巩固了其个人与学校的合作关系，避免了职位增设只是流于形式的"虚职"；另一方面，《中小学法治副校长聘任与管理办法》中明确规定了法治副校长的个人职责，由学校和教育行政部门对其进行考核评价和奖惩等，可以提升法治副校长个人的参与积极性和负责程度。此外，"副校长"不同于普通的"法治辅导人员"，其职务地位决定了其个人具有一定的校园管理权力，可以更好地促进制度的落实和治理措施的推行，指导学校建立更加完善的校园管理与法治建设队伍，避免其"有心无力"的局面出现。

法治副校长制度的实施将推动我国未成年人保护走向新高度。近年来，未成年人受侵害、青少年犯罪案件等情况频发，我国近期出台的《未成年人学校保护规定》也强调了法治副校长的相关职责，要求其在防止欺凌、矫正未成年人不良行为工作中发挥作用。此次制度的出台也与其相呼应，扩展了法治副校长的具体职责。除开展法治教育外，《中小学法治副校长聘任与管理办法》还要求其在履职期间协助开展保护学生权益、预防未成年人犯罪、参与安全管理、负责教育惩戒的指导与实施、指导依法治理等。可见，法治副校长职能的拓展，进一步健全了未成年人保护体系，有利于为学生营造安全的校园环境，给未成年人权益保护再添一条"安全绳"。

《中国教育报》2022 年 2 月 23 日

叫停"污名化"，维护学校应有尊严

中国教育科学研究院基础教育研究所助理研究员·牛楠森

近日，一则关于北京西城区学区房的文章在教育界引发广泛关注。经查发现，该文系某房地产公司哄抬学区房价格的营销手段。相关人员虽已被严厉处罚，但该文所传播的"渣校"概念及其不良影响仍需要引起警惕。查询可见，"渣校"概念并不鲜见，相似的还有"菜校""坑校"等，均是对区域内较薄弱学校的俗称，常见于各种小升初论坛和网站。只不过，"渣校"的侮辱性和贬抑性更为强烈，也更有冲击力。此类概念虽名称不同、破坏力不等，但同属污名学校的社会现象。

概念蕴含并表达着情感。中性词"薄弱学校"缘何成为贬义词"渣校"？改革开放40多年来，人民群众对教育的诉求从"有学上"转向了"上好学"，但优质教育资源总是稀缺的，相对意义上的"薄弱学校"总是存在的。为满足人民群众对优质教育资源的需求，国家和地方政府不断探索改革措施，颁布相关政策以改进薄弱学校。但改革具有复杂性、滞后性、周期性，甚至反复性，其效果呈现与人民群众对优质教育的急切盼望相比，常常显得比较缓慢。换言之，我们必须承认，人民群众的教育期待与政府不断改造薄弱学校的行动之间还存在着一定的距离。这种距离既是客观的，也是历史的。相信随着改革的持续推进，这种距离会越来越小。但是，在资本的曲意解读和刻意引领下，正在改进路上的"薄弱学校"却被冠以"渣校"之名，并通过网络流传开来，本就有心理落差的家长们被"渣校"之名刺痛了眼睛、刺激了神经，来不及等待也来不及思考便接受了这一概念，进而作出相应的教育决策。

正如社会学研究所发现的，污名化在任何一个社会领域都是非正义的。在污名化现象中，污名施加者表面弘扬公意，实则包藏私心。污名承受者不仅遭受着外在侮辱、刻板印象、身份歧视等公众污名，更承受着羞愧、自我低评、自我贬损、自我低效能等自我污名。在双方主体之外，还存在着大量的第三方——污名围观者。正是他们的存在，使得污名化现象有了真正的伤害力。因为，对污名施加者而言，污名承受者只是他们施加污名行为的中介，其最终企图在于改变污名围观者的认知，进而引导其行为。

在污名学校的行为中，以不良房地产商或培训机构为代表的一方，正是通过将某些学校命名为"渣校""坑校""菜校"，贬低学校的教育质量，以此实现高价兜售房屋或课程的目的。在这个过程中，首当其冲的是那些正在努力改革以提高学校育人质量、奋进中的"薄弱学校"。在如此社会文化之下，那些被污名的学校及其中的教育工作者，他们奋进的动力和勇气极可能在污名化过程中消减，其所思或许更多地在于如何逃离这所学校。

受到伤害的还有政府苦心推行的相关教育政策。分析各种污名化学校的文本可以发现，所谓"渣校"，主要是在升学率和分数上落后于其他学校，其在立德树人这一根本任务方面并无不当，甚至在关爱每一个孩子、为每一个孩子提供信心和希望等方面做得更好。这样的学校何渣之有？名以"渣校"，又何尝不是以分数意义上的"智育"取代"五育"并举呢？义务教育优质均衡发展的政策努力、薄弱学校改进的相关政策，也因"渣校"流行而受到质疑和阻滞。

最后，学生及其家长是污名学校现象的最终埋单人。为了逃离所谓"渣校"，他们斥巨资以换房子来择校，最终却可能竹篮打水一场空。对孩子们而言，"渣校生"的身份让他们背负了不必要的心理负担。而不良资本方则成为唯一的受益方。长远来看，污名学校的现象之下，没有一方不是受害者。

消除污名学校的现象，不仅是还学校应有的尊严，还是弘扬尊师重教的精神，更是构建良好教育生态的举措。社会学派将污名归结为权力差异，那么消除污名就需要消解污名施加者的权力。鉴于污名学校现象主要发生在网络上，因此可通过网络语言的教育性审查制度来抑制污名话语权的滥用。政治学则开出了赋权的"药方"，鼓励污名承受者自我认同、自我表达，建立自主组织，以此来发声，不做沉默的大多数。认知理论则指出要提高污名围观者的理性认知和价值判断能力，对此可通过教育科普来提高家长的教育素养，普及国家教育改革的政策精神与具体规定，从而构建风清气正的教育话语体系。

《中国教育报》2021 年 8 月 3 日

是善意的玩笑，还是恶意的欺凌

天津市教育科学研究院教育法治与评估研究所研究员·方芳

我们经常会在学生班级里发现，总有那么一两名学生特别喜欢拿同学"开玩笑"、搞"恶作剧"，以引来全班同学的哄笑。这种看似不经意的玩笑，很可能无形中已经给对方带来痛苦，如果听之任之，就可能发展为校园欺凌。开玩笑和欺凌之间到底有什么区别？知晓二者的边界是我们预防校园欺凌的前提和基础。

目前，我国对学生欺凌的界定已经有了法律的明确规定，最新修订的《未成年人保护法》第一百三十条规定："学生欺凌，是指发生在学生之间，一方蓄意或者恶意通过肢体、语言及网络等手段实施欺压、侮辱，造成另一方人身伤害、财产损失或者精神损害的行为。"从中我们可以看出，学生欺凌具有以下几个明显特征。

从主观上看，欺凌具有明显的主观故意性。作为欺凌者的学生，主观上都是希望通过自己的行为使对方遭受一定的身心痛苦。这种主观故意或是蓄谋已久，或是顿生恶意，总之都是希望或者放任自己的行为给对方带来痛苦。而开玩笑是没有主观恶意的，开玩笑的同学从主观上讲，并不希望对方遭受痛苦，大多数同学只是怀着"好玩"或"好奇"的心态。但需要注意的是，尽管玩笑起初并不具有恶意，但如果对方明确表示抗拒后，开玩笑的同学依然不停止，就开始有了故意的性质，很可能发展成为欺凌。

从行为特征上看，校园欺凌的典型特征是"恃强凌弱"，即一方利用自己的身体、人数、家庭背景等优势条件，对相对弱势的一方实施欺压、侮辱。也就是说，欺凌者和被欺凌者双方并不是势均力敌的，表现为一方强大，一方弱小，有可能是身高、体重上的差异，也有可能是年龄、人数上的差异等。正是因为双方力量悬殊，所以一旦发生欺凌，受害者往往很难反抗或进行自我保护。这不同于两帮势均力敌的学生一起约架，那样的行为可以归为校园暴力，而不宜归入欺凌范畴。

从结果上看，欺凌会给对方造成人身、财产或精神上的损害，特别是心理上的伤害。受害者的感受在国外的校园欺凌认定中占据很重要的位置。因为欺凌者可能只是认为自己在开玩笑或搞恶作剧，但如果已经给对方造成了身心伤害，那么很可能已转化为欺凌。这种给对方带来的伤害，有可能是肉眼可见的身体上的伤害或财物上的伤害，也有可能是不容易被发现的心理上的伤害，而后者往往给当事学生带来更为深远的影响。

在实践中，学生欺凌往往会通过一些具体行为来表现，这种表现形式随着社会发展的复杂化日益呈现为多元化状态。我们一般把学生欺凌的表现形式归纳为五种，即肢体欺凌、言语欺凌、财物欺凌、关系或社交欺凌、网络欺凌。

肢体欺凌具体可表现为殴打、脚踢、掌掴、抓咬、推撞、拉扯等侵犯身体的行为。肢体欺凌是比较传统的欺凌方式，也是损害后果比较严重的欺凌行为。由于肢体欺凌的伤害多体现在身体表面，需要家长和教师多加关注，及时发现和制止欺凌行为。

言语欺凌主要指以辱骂、讥讽、嘲弄、挖苦、起侮辱性绰号等方式侵犯人格尊严的行为。言语欺凌在我国学生欺凌中比例比较大，但往往不易引起我们的重视。比如，给同学"起外号"算不算欺凌？这里就要区分具体情况。如果给对方起的是带有一定侮辱性的绰号，如拿对方的身体缺陷起外号，同时对方表示不满或不愿意被这样叫，那么这样的"起外号"行为就属于欺凌。如果说同学之间关系很好，有个同学胖乎乎很可爱，大家叫他"熊猫"或"国宝"，他本人也不反对，那么这就不属于欺凌。

财物欺凌表现为抢夺、强拿硬要或者故意毁坏他人财物等。这种行为在现实中也比较常见，如有的同学穿了新衣服，或带了新手机，被别的同学故意弄脏、弄坏。还有更为恶劣的行为，如在放学的路上对同学勒索财物，要求同学交"保护费"或是长期让某个同学给自己买东西，这些都属于财物欺凌。

关系或社交欺凌一般是指在一个集体中，如班级、社团、宿舍中，恶意排斥、孤立他人，影响他人参加学校活动或者社会交往。这种欺凌行为也比较普遍，却不易发现。因为它不会给被欺凌者带来身体伤害，表现形式也不那么明显。但是，欺凌者通过与其他人共同排挤、孤立被欺凌者，破坏了被欺凌者的正常社交，往往会给对方带来心理困扰。

网络欺凌表现为通过微信、电子邮件、论坛等多元网络媒介捏造事实诽谤他人、散布谣言或错误信息来诋毁他人、恶意传播他人隐私等。通过散播伤害被欺凌者的言论、图片、视频等，使被欺凌者多次、反复大范围地被围观，给其造成更大的精神痛苦。网络欺凌是随着我国网络社会的发展日益凸显的一种欺凌形式，具有一定的隐蔽性，学校和教师在日常学生管理中可能不容易发现，需要引起重视。

现实中，这些不同的欺凌形式有时会交织在一起出现，有时会和同学之间的玩笑打闹混合出现，导致我们在认定欺凌时常常会出现困惑。我们既要反对把一切玩笑打闹都"泛欺凌化"，也要反对把真正的欺凌仅作为同学之间的玩笑。教师、家长都应关注孩子在日常中的一些行为，很可能一些玩笑打闹就是欺凌的苗头或征兆。比如，某个学生经常捉弄同学，对同学搞所谓的"恶作剧"；经常随便拿同学的物品，损坏后也不道歉赔偿；经常让某个同学为自己服务；因为与某同学生气，要求自己的好朋友不要与该同学来往……对这些行为我们应当及早关注和干预，及时引导学生规范自己的行为，创建平等、互助、友爱、团结的班级文化和校园文化，让学生知道善意的玩笑可以开，恶意的欺凌不可为。

《中国教育报》2021 年 6 月 4 日

凭什么不让孩子在校园喧哗打闹

新教育研究院院长、成都市武侯实验中学原校长·李镇西

近日,《未成年人学校保护规定(征求意见稿)》发布,提出学校应当按规定科学合理安排学生在校作息时间,保证学生有休息、参加文娱活动和体育锻炼的机会和时间;学校不得要求学生在规定的上课时间前提前到校参加统一的课程教学活动,不得限制学生课间出教室活动。

然而现实中,不少中小学都有一条规定:校园内严禁高声喧哗、追逐打闹。于是,下课后学生们不敢蹦跳、不敢说笑。因为老师要求学生养成"轻言细语、轻手轻脚"的"好习惯"。我还听说有的班主任甚至不许学生课间随意出教室门,除非上洗手间。学生只好乖乖地坐在座位上。当然,如果学生能做作业,在老师看来就更"乖"了。对于这条规定我一直不理解,正值活蹦乱跳的年龄,孩子们高声喧哗、追逐打闹不是很正常吗?

我想到我小时候,无论是读小学还是读中学,一下课我和小伙伴们出了教室,便打打闹闹。你蹭我一下,我推你一下,特别亲热,也特别开心。当然,有时候可能也生气,但不一会儿又嘻嘻哈哈了。几十年后相见,再回想起来,那不过是童年趣事一件。如果非要说这是"校园霸凌",我只能说他要么无知,要么在故意混淆概念。

设想一下,大自然草木萌发、鸟语花香、生机勃勃,校园内却没有高声喧哗、追逐打闹。一个寂静无声的场所,这还是学校吗?所谓高声喧哗,不过是孩子们大声说笑,声音嘈杂;所谓追逐打闹,就是孩子们你推我搡,互相嬉戏。这不是孩子天真烂漫、纯真无邪的自然呈现吗?为什么要禁止呢?

如果整天沉默寡言、没精打采，做父母的倒会很着急——"孩子怎么了？是不是病了？"可我们的老师却不许孩子在校园高声喧哗、追逐打闹，这是不是有些不对劲儿？

关于禁止学生打闹，《中小学生守则（2015年修订）》中没有这样的规定。即便是在《小学生日常行为规范（修订）》中也只有一句："在公共场所不拥挤，不喧哗，礼让他人。"我理解这里所谓的"公共场所"指的是大街、影剧院、会场、博物馆之类的地方。在校园里，孩子们憋了40分钟，下课后大声说笑，有什么关系呢？对于"严禁追逐打闹"的规定，学校主要还是从安全角度考虑的。现在的孩子都很娇贵，尤其一些父母看到孩子稍有一点皮肉伤，就会找到学校闹。所以，学校干脆规定"严禁追逐打闹"，这可以理解。但简单地"严禁"不妥，我们的着眼点不应该是"管理方便""不出事"，而是应该引导孩子，将他们的行为予以合理的规范。我当班主任时，从不禁止学生打闹，相反我还经常和孩子们一起打闹，比如摔跤。但我们的班规有一条——不得在教学区里打闹，不得带着器械打闹。规定地点，只能徒手，这就保证了追逐打闹的安全。

"一切为了孩子""为了孩子的一切""为了一切孩子"……这样的话贴在不少学校的墙上，但往往一到关键时候，这些话都成了"一切为了管理方便"。教育部已发文提出，不得限制学生课间出教室活动。要怎样才能既保证孩子安全又维护学校秩序，同时还能尊重儿童的天性呢？我建议学校将规定加个状语，改为"上课和集会时不得高声喧哗，教学区内不得追逐打闹"。

允许学生有条件地高声喧哗和追逐打闹，绝不是培养没有教养的野蛮人，而是不束缚孩子的天性，让他们像花儿一样自由自在地开放罢了。但这并不意味着不教会他们文明的举止和尊重他人的行为习惯。这是两个概念，不可混淆，不能对立。这和一些学校倡导培养淑女、绅士也不矛盾。真正的淑女、绅士，在博物馆、影剧院等公共场所是优雅、安静的，而在户外活动则是活泼大方的。毛主席曾说："文明其精神，野蛮其体魄。"后来他在延安给中国人民抗日军政大学题词："团结、紧张、严肃、活泼"。但我们现在一些孩子恰恰相反——该文明的时候野蛮，该野蛮的时候却文明；该严肃的时候活泼，该活泼的时候却严肃。当然，学校允许孩子追逐打闹，还要有一个重要的前提，就是家长的理解与支持。做父母的要想明白一个常识：孩子不摔跤是长不大的！这里磕磕那里碰碰，都是成长的常态。家长千万不要用狭隘的安全观束缚了孩子在校园自由地奔跑。不许孩子追逐打闹就是阻碍他成长为一个勇敢健康的强者。

著名教育家阿莫纳什维利说过一句非常朴素、深刻而又动情的话："谁爱儿童的叽叽喳喳声，谁就愿意从事教育工作；而谁爱儿童的叽叽喳喳声已经爱得入迷，谁就能获得自己职业的幸福。"可以说，没有"叽叽喳喳"，就没有教师的幸福；没有"叽叽喳喳"，就没有完整的学校。

《中国教育报》2021 年 4 月 9 日

第三辑　阅读新篇章

遵循阅读规律，成就青少年精彩未来

本报记者·张贵勇

前不久，教育部等八部门共同发布《全国青少年学生读书行动实施方案》（以下简称《读书行动实施方案》），鼓励学校开设阅读课，重视整本书阅读、沉浸式阅读；义务教育学校要将读书行动纳入"双减"工作，对学生不设硬性指标，不以考试、"打卡接龙"等方式检验读书数量和效果。

立身以立学为先，立学以读书为本。阅读是文明传承的基本方式，也是文明创新的基本条件，可以让人得到思想启发，树立崇高理想，涵养浩然之气。无论从哪个角度看，读书之事都意义深远。

而引导青少年爱读书，不能仅靠自上而下的行政推动，还要燃起青少年内在的阅读欲望；不仅要突破写若干字读后感等传统的阅读考量方式，还要善用互联网资源培养阅读习惯，如开展短视频荐书等活动；不仅要遵循教育规律，注重阅读教学与青少年的兴趣、年龄特点和生活经验相结合，还要尊重阅读规律，随孩子年龄增长逐渐从以虚构类作品为主向以非虚构类作品为主过渡，让优秀作品从奠定精神底色升级到完善知识结构，补齐能力短板，涵养家国情怀。

从这个角度看，《读书行动实施方案》的颁布可谓恰逢其时，紧扣青少年成长规律和阅读规律。正如《读书行动实施方案》所指出的，青少年阅读习惯的养成、学校阅读体系的构建乃至全民阅读氛围的形成，都需要从四个方面入手：

一是硬件升级，即淘汰过时的、品质不高的图书，丰富图书资源，改善阅读条件，充分发挥学校图书馆的作用，充分利用教室、走廊、校园等空间，构建随时随地可读书的环境，让好书与青少年零距离接触。

二是课程建设，即打造形式多样、学生喜闻乐见的阅读课，并结合各学科教学开展跨学科学习活动，有针对性地指导学生进行专题阅读；在教学方法上，重视群文共读、整本书阅读等，以阅读引领研究性学习，以阅读推进职业生涯规划，做到阅读与写作相结合，阅读与生活合而为一。

三是活动引领。基于当下青少年的阅读状况，多举办读书心得报告会、主题班会等活动，表彰"书香校园""书香班级"、读书标兵等，有助于形成良好的阅读氛围。青少年阅读固然是兴趣为先，但也需要外在激励，以好环境促成好习惯，以好活动培育阅读种子，以好榜样带动更多爱读书的青少年。

四是教师指导。青少年由于阅读经验不足、选书能力有限、价值观不够成熟等原因，需要专业的阅读指导，尤其是来自阅读专家、长期深耕童书领域的教师的支持。从现实来看，教师没时间读书、没读书习惯、读书种类较为单一等问题，是影响学生阅读难以持续深入的重要因素。为教师开拓阅读空间，使其养成手不释卷的习惯，尤其是多读童书，在青少年阅读领域持续钻研，有意愿、有热情、有能力打造有特色的阅读课程，便能和学生一起开启美妙的阅读旅程，校园读书风气也会自然盛行。

值得点赞的是，《读书行动实施方案》还突破了传统的阅读误区，如不设硬性指标，不以考试、"打卡接龙"等方式检验读书数量和效果，不增加学生、教师及家长负担。此举抓住了推动阅读的关键，最大限度地避免了青少年阅读的简单化、功利化、形式化，有助于凝聚校园阅读和亲子共读合力。读书无定法，阅读方式也要因人而异。条条框框越多，其实越容易走向阅读的反面，越让孩子厌恶读书。

阅读唯有回到兴趣和生活本身，才能真正发挥启智润心、涵养人格的积极作用，让青少年从读所爱之书走向读各种门类图书，走出校园之后依然亲近好书，阅读过程中做到眼到、手到、心到，成为真正的终身读者。阅读唯有以问题为牵引，引导青少年带着问题去读书，才能走向研究性学习，通过历史、科普、人物传记等作品探索未知，学会自我接纳，找到"我是谁""我的使命是什么""我的一生该如何度过"等问题的答案。阅读也唯有与生涯规划相结合，才能帮助青少年更好地建构知识体系、升级思维方法、增强意志品质，通过与同伴结成阅读共同体，进而形成携手共进的成长共同体。

没有一艘非凡的战舰，能像一册书籍，把我们带到浩瀚的天地。阅读的力量是巨大的、超乎想象的，也是无形的、持久的。每个人的气质里，都藏着他看过的书和走过的路。在移动互联时代，青少年更需要借助阅读来保持专注力，抵御各种诱惑。养成阅读习惯，即是找到了精神的避难所，能更好地让青少年在精神上立起来，进而锚定目标，全力以赴，勇敢追梦。许多优秀人物之所以能成就一番事业，往往是因为青少年时代大量阅读，与生活、与世界、与优秀的历史人物进行对话，在阅读中蜕变出新的自我。

超越个体层面，一个民族的持续进步，也离不开知识的涵养。人才是实现民族振兴、赢得国际竞争主动的战略资源。如果说提高国民的文化技术素养是时代的必然选择，那么以阅读来培养优秀人才无疑是一条捷径。如今的学校教育和家庭教育都应把阅读作为重要的教育内容，引导青少年阅读有趣、有益、有思想的好书，让好书在照亮精神世界的同时，唤醒他们的内驱力、目标感和责任感，搭建他们的中国筋骨和世界格局。

当越来越多的青少年感受到阅读的召唤，在阅读中不断提升自身能力，才能更好地驾驭各种教育资源，把个人梦想汇入时代洪流，让蓬勃青春与家国情怀共振。

《中国教育报》2023 年 4 月 7 日

把校园阅读"奏鸣曲"融入全民阅读"交响乐"

媒体评论员·秦川

4月23日是世界读书日。同一天,第二届全民阅读大会在浙江杭州开幕,主题是"深化全民阅读,建设书香中国"。大会围绕主题阅读、数字阅读、阅读权益、阅读与城市、阅读与乡村振兴等话题,面向青少年、老年人、家庭亲子、特殊群体等不同读者人群开展研讨交流。

自2014年以来,全民阅读已连续10年写入政府工作报告。《中华人民共和国国民经济和社会发展第十四个五年规划和2035年远景目标纲要》提出,深入推进全民阅读,建设"书香中国"。开展青少年学生读书行动,是将校园阅读"奏鸣曲"融入全民阅读"交响乐"的有效途径。没有校园阅读就没有全民阅读,没有"书香校园"就没有"书香中国"。不久前,教育部等八部门联合印发《读书行动实施方案》,提出的具体目标就包括"覆盖各学段的阅读服务体系基本完善,'书香校园'建设水平显著提高,青少年学生阅读激励机制建立健全,校内外阅读氛围更加浓厚"。具体而言,可以从三个层面着手加强。

其一,优化学校读书环境,把学校建成学生喜爱的"阅读场"。各地教育部门和学校要把开展读书活动作为一件大事来抓,从高水平"书香校园"建设入手,营造良好读书氛围。特别要强调的是,阅读不只在课堂,还在图书馆、阅览室等场所。要通过丰富图书配备、改善阅读条件,创设更适宜读书的校园环境。比如，中小学要充分利用教室、走廊等空间，设置读书角、放置图书架、开设书报亭，方便学生即时阅读、处处可读，让"沉浸式阅读"真正在校园的每个角落发生。

其二，加强学生阅读指导，着力提高学生的阅读能力。阅读是一门艺术，需要技巧。对于中小学生来说，需要在阅读方面获得更科学的指导。例如，什么阶段读什么样的书，如何读更高效，怎样才能持之以恒地读下去等。学校要建立健全学生阅读指导机制，开好阅读指导课，定期举办学生阅读指导活动，帮助学生掌握科学的阅读方法。同时，强化对教师的阅读指导培训，帮助每一名教师拥有较丰富的阅读经验，可以随时指导学生阅读。当下，相关部门已提出将阅读指导能力纳入"国培计划"和地方各级教师培训，各地各校应扎实配合并落实。总而言之，要通过科学的阅读指导，激发青少年的阅读兴趣、唤醒阅读活力，让青少年愿意读、喜欢读、坚持读，让读书成为一种生活方式，成为其一生的志趣。

其三，注重读思行结合，引导广大学生在读万卷书、行万里路中实现全面发展。立身以立学为先，立学以读书为本。学校要引导学生读思结合、学用相长、知行合一，通过读书学习夯实基础、挺立脊梁，扣好人生的第一粒扣子，立志为中华民族伟大复兴而读书；要引导广大学生既读有字之书，又读无字之书，不仅要从书籍中汲取知识，更要向他人、向社会、向实践学习。广大学生要在祖国大地上躬身践行，从而不断拓展读书实际成效，全面提高自身的独立思考能力、社会责任感、创新精神和实践能力，努力成长为堪当民族复兴重任的时代新人。

今天我们的读书环境远远优于以往任何一个时代，特别是技术的发展带来硬件条件的大幅升级，应想方设法把数字技术这一"最大变量"转化为阅读的"最大增量"。无论是载体还是技术，都应服务于阅读，让阅读更富成效。当下城乡阅读差距较为明显，存在数字鸿沟。因此，积极推广数字技术，全方位推进数字阅读尤为必要。国家智慧教育读书平台已正式上线，该平台依托数字技术，通过汇聚优质资源、营造互动场景、展示阅读成果，为不同学段学生、社会公众提供丰富多彩的读书空间。期待通过数字赋能，让青少年无论身处何地都能有效地开展阅读，在读书中享受乐趣、感悟人生、获得成长。

最是书香能致远，腹有诗书气自华。打造"书香校园"，推进全民阅读，不仅能够让青少年的精神世界更丰满，助力他们看到更辽阔的世界，还具有深远的时代意义。这是从立德树人"根基"架起教育强国"柱梁"的战略安排，是以学生阅读"小切口"写好素质教育"大文章"的有力举措。期待青少年养成终身阅读的好习惯，在阅读中立大志、明大德、成大才、担大任。

《中国教育报》2023 年 4 月 26 日

把青少年引向阅读王国的深处

本报记者·张贵勇

在第 28 个世界读书日当天，人民教育出版社举办了 2023 青少年阅读教育论坛。会上，不少专家讲述了自己的阅读经历，并分享了让自己受用终身的作家作品、阅读习惯和阅读方法。

例如，作家梁晓声结合儿时的读书经历，建议小学三、四年级学生在科普、儿童文学、传统文化作品之外，读一些散文。因为此阶段的学生在学科学习和阅读偏好上开始面临分化，而散文属于非虚构类文体，讲的多是亲情、乡情、友情、物情，短小而灵动，不像长篇小说那样读起来耗时费力，且文字优美、感人至深，富有情感张力，正好对接了青少年的精神需求，很容易引起他们的情感共鸣。

梁晓声的建议道出了阅读的常识与规律，指出了青少年阅读的要点。近年来，我国大力推广全民阅读，教育部等八部门不久前推出《读书行动实施方案》，将青少年阅读推向新的台阶。未来，还需要出版机构发挥自身优势，多出精品童书、经典文本，推动青少年阅读走向深入。同时，也需要作家、阅读推广人等以身示范，给青少年更多实实在在、切中肯綮的阅读指导，使他们尝到阅读的甜头、发现阅读的门道、走向阅读的深处。

这样做的理由很简单。虽然中小学语文教材具有分级阅读的属性，并给出了一定数量的课外阅读篇目，有很好的示范、指导作用，但青少年随着年龄的增长，逐渐在阅读上出现明显的个性化、多样化趋势，因此必须在以教材为本、用好用活语文教材的基础上，力求给个性有别、志趣各异的青少年一个适合自己的成长书单，最大程度发挥阅读的价值，助推青少年阅读呈现百花齐放的局面，实现培养更多终身读者的目标。

从现实来看，如火如荼开展的阅读大会、阅读节、阅读论坛等活动，的确能起到很好的推动作用，但让青少年自发、持久、发自内心阅读的根本动力，还在于个体在阅读过程中的成就感、获得感。这就要求家校社一起帮助青少年在阅读关键期读到适合自己的书，从解决字词识别、掌握基本阅读技能，向具备较强阅读能力过渡，最终超越阅读本身，发展出合作意识、创造性和批判性思维等综合素质。在阅读的大体方向上，可通过整本书阅读、沉浸式阅读、群文阅读、学科阅读、主题阅读等方式，帮助青少年做到读思结合、读写结合、读行结合、科学与人文结合，融通中外、文理、古今，以问题为牵引，实现阅读力和学习力的双重提升，让阅读真正助力职业生涯规划。

在推动阅读的初级阶段，家校社合力的重点在于创造阅读空间，将青少年的阅读热情点燃，此时需要外部力量推动。但随着时间推移，青少年阅读还要变成融入日常生活的自觉行动，以热爱作为原动力，使得每一个青少年都能在阅读中自然而然地持续积累知识、更新理念、提升能力，在阅读中涵养奋发向上、报效祖国的精神品格，在阅读中了解自己、感悟世界，闯出一番天地，奔向自己的星辰大海。

总而言之，青少年阅读蔚然成风需要家校社共同努力，让阅读真正成为学习新知、塑造心灵、培养堪当民族复兴重任的时代新人的磅礴力量。

《中国教育报》2023 年 4 月 27 日

构建三个"好条件"，推动青少年阅读

河北省教育厅校外教育培训监管处处长·刘殿波

对于中小学来说，今年的世界读书日与往年大不一样。近期，教育部等八部门联合印发了《读书行动实施方案》，明确提出了今后 3～5 年的工作目标、实施路径和保障措施，为开展青少年学生读书活动指明了方向。

《读书行动实施方案》目标明确、措施具体、要求有力，但真正实施起来却并不容易。因为当前青少年学生阅读还存在不少问题亟待解决。不少教育工作者对阅读的重要性还认识不足，没有充分理解开展青少年学生读书行动，是从立德树人"根基"架起教育强国"梁柱"的战略安排；一些中小学图书馆或阅览室图书数量虽然基本达标，但图书品种不多、质量不高，阅读场所缺少人文关怀，难以获得学生的认可和喜爱；学校虽然大都配备了图书管理员，但具备给教师和学生推荐优秀图书或讲读图书能力的却不多；很多农村中小学还缺少作为儿童阅读起步工具的绘本和进行科学启蒙的优秀科普类读物。

改变当前中小学阅读现状，除了提高校长和教师对青少年学生阅读重要意义的认识，还须从科学出发，认真研究青少年阅读规律。当前，应重点从图书、环境和阅读指导三方面入手，努力构建三个"好条件"，为持续深入推动青少年阅读打造坚实基础。

一是有好书。所谓好书，并非简单指传统的经典文学读物，而是指那些满足不同年龄段青少年阅读需要的各类优质图书，并且这些图书必须是他们感兴趣的。为此，各级政府和教育行政部门首先要保障学校每年的正常购书经费，基本满足学校补充和增加优质图书的需要。其次，各级政府教育行政部门应按照《中小学生课外读物进校园管理办法》和教育部馆配推荐目录，适当参照一些民间公益组织发布的青少年阅读推荐书目，尽快出台符合本地需求的官方权威中小学分级阅读推荐书目，以改变学校图书质量参差不齐、采购图书缺乏科学指导的状况。最后，各级政府和教育行政部门应进一步简政放权，在有效监督和指导下，把图书采购权下放至学校。学校也应把选书的部分权利交给教师和学生，以此提高师生选书、用书能力和阅读积极性。此外，还可充分发挥学校家委会作用，动员家长及社会各界自愿为中小学捐赠优质图书，更大程度充实学校图书馆室和班级图书角资源。

二是有好地儿。所谓好地儿，就是每所中小学要努力打造一个温馨、舒适的图书阅览室，让其成为师生向往的地方。其一，学校要改变那种与教室别无二致的阅览室模式，可参照幼儿园绘本馆建设方式，专门为低年级学生开辟以绘本和桥梁书阅读为主的阅读场所，不设桌椅板凳，而是配置一些类似布艺软垫、沙包之类的柔软家饰，让学生能够随时席地而坐，听教师读书，从而全然放松地投入阅读。其二，要改变图书阅览室图书陈列方式，除了传统书架，阅览室应设置一些图书展示架，便于将一些重点推荐图书封面朝外摆放。尤其是一些绘本类图书更要注重摆放位置和方式，让陈列完美的图书不仅成为图书室的最佳装饰，还便于低年级学生浏览，最大程度激发学生的阅读兴趣，产生愉悦的阅读体验。

三是有好人。所谓好人，就是能够指导和协助青少年读书的好教师、好家长和好图书管理员。笔者在推动儿童阅读的过程中发现，很多教师和家长不懂如何陪伴儿童阅读，更不要说指导儿童和青少年阅读了。为此，必须加强对教师、家长和学校图书管理员的阅读培训工作。第一，要将阅读指导纳入国培与省培教学计划和内容中，逐步让每一位中小学教师都能成为科学指导学生阅读的行家里手，并将阅读自觉融入各学科教学。第二，学校要为图书馆室配备真正懂书、爱书的图书管理员，并加强培训工作，让图书管理员不仅能够管好书，还能协助、指导师生用好书。第三，要通过各种方式加强对家长的阅读培训工作，让家长充分理解阅读在人一生成长中的重要价值，积极支持、帮助学生阅读，在共读中努力提升自己。学校还可创造条件，鼓励家长到学校做故事爸爸、故事妈妈，协助学校开展阅读工作，营造全社会重视阅读的浓厚氛围。

除此之外，各级教育行政部门和学校还应逐步建立起规范的阅读制度。例如，利用课后服务等保障学生充足的阅读时间，也是推动青少年阅读的重要一环。如果没有相应的时间作保障，校园阅读很有可能沦为一句空话。

构建三个"好条件"，加上有效的制度，相信一定能持续推动青少年学生读书工作，真正将校园阅读"奏鸣曲"融入全民阅读"交响乐"，以学生阅读"小切口"写好素质教育"大文章"，把数字技术这一"最大变量"转化为阅读提质"最大增量"，落实"五育"并举，促进学生全面发展。

《中国教育报》2023 年 4 月 21 日

开展好读书行动，培育时代新人

钟焦平

3 月 28 日，全国青少年学生读书行动在北京启动。开展青少年学生读书行动，既是贯彻落实党的二十大关于深化全民阅读活动的重要部署，也是进一步推动青少年学生阅读深入开展，在广大青少年学生中形成"爱读书、读好书、善读书"的浓厚氛围，促进全面提升育人水平的重要举措。

青春美如斯，正是读书时。"阅读是人类获取知识、启智增慧、培养道德的重要途径，可以让人得到思想启发，树立崇高理想，涵养浩然之气。"重视读书、重视阅读之于青少年学生健康成长的作用再怎么强调都不为过。

开展青少年学生读书行动是从立德树人"根基"架起教育强国"柱梁"的战略安排。强国建设、民族复兴的新征程，对高素质人才提出了更高的要求。开展青少年学生读书行动，是落实立德树人根本任务的必然要求。开展青少年学生读书行动，就是引导广大青少年在广泛全面的阅读中，增强爱党、爱国、爱社会主义的坚定信念，牢固树立为中华民族伟大复兴而读书的远大志向，增强历史自觉、文化自信；就是要引导广大青少年学思用贯通、知信行统一，在读万卷书、行万里路中，全面提高独立思考能力、社会责任感、创新精神和实践能力，努力成长为担当民族复兴大任的时代新人。

开展青少年学生读书行动，是以学生阅读"小切口"写好素质教育"大文章"的重要举措。阅读是教育最重要的基石，学习绝不仅仅是读教材、做习题，还要在广泛、全面的阅读中汲取知识、拓宽视野，提升思想道德素质、科学文化素质，培养独立思考能力、创新创造能力、终身学习能力。这就要求各级各类学校重视阅读在推进素质教育中的重要作用。要通过提高"书香校园"建设水平，将读书行动与学校教育教学、课后服务活动和学生日常生活紧密结合，创新读书载体，完善长效机制等系列举措，为青少年在阅读中实现更好的全面发展创造优良的环境。"双减"政策持续推进，学生从过重的作业负担和课外培训负担中解放出来，有了更多的时间和精力博览群书。推进读书行动，更要充分利用"双减"政策创造出来的阅读空间，凝聚起家校社合力，让青少年学生在读书中享受乐趣、感悟人生、获得成长。

开展青少年学生读书行动是把数字技术这一"最大变量"转化为阅读提质"最大增量"的关键一招。全国青少年学生读书行动启动的同时，国家智慧教育读书平台正式上线。平台的开通将为广大学生提供更多适宜、优质、多样、健康的阅读资源，同时还将营造互动场景、展示阅读成果，为不同学段学生、社会公众提供丰富多彩的读书空间。数字技术的进步，无疑能为更加有力地引导、激励、支撑阅读提供前所未有的动能。用好国家智慧教育读书平台，让优质的阅读服务更加可及，覆盖更广大的青少年，不管是对于打造一个处处可读、时时能读的良好环境，还是对于建设全民终身学习的学习型社会、学习型大国，都具有重要意义。

开展青少年学生读书行动，要坚决防止功利倾向、形式主义。教育部等八部门联合印发的《读书行动实施方案》提出，读书行动对学生不设硬性指标，不以考试、"打卡接龙"等方式检验读书数量和效果，不增加学生、教师及家长负担。这是一剂很有必要的预防针。读书最忌太功利化，要坚决避免为了阅读而阅读、为了读书而读书的功利化倾向，防止读书行动被应试化对待，背离读书行动的初衷。这要求各地在开展青少年读书行动时，着力回答好为什么读书、读什么书、怎样读书等问题。要根据青少年学生的认知规律和身心发展特点，完善阅读指导目录，丰富学生阅读书目，又要强化阅读指导，帮助学生掌握科学的阅读方法，从而提高育人实效。

一个人的精神发育史就是他的阅读史，一个民族的精神境界取决于这个民族的阅读水平。

营造"爱读书、读好书、善读书"的氛围，不仅要引导青少年在学生时代博览群书，还要引导学生将读书当成一种生活态度、一种精神追求、一种境界要求，让读书学习成为一生的追求，让读书厚度成就人生高度、民族高度。黑发不知勤学早，白首方悔读书迟。读书吧，青少年们！

《中国教育报》2023 年 3 月 29 日

以读书活动推动构建教育新生态

广东省肇庆市高新技术产业开发区教育局局长·段宝生

2023 年全国教育工作会议指出，要把开展读书活动作为一件大事来抓，引导学生爱读书、读好书、善读书。作为区域教育主管部门，要认真领会会议精神，把开展读书活动作为培养学生阅读习惯、提升学生人文素养、打造现代城市文明的重要抓手，构建终身学习的教育新生态。

营造浓烈的区域氛围，让阅读浪潮席卷各个角落。氛围的力量是强大的，它具有传播、认知、教化、凝聚、协调和规范功能。因此，要通过推进全员阅读、全面阅读、全程阅读，构建阅读磁场，激发阅读兴趣和探究欲望。让学生在浓郁的阅读氛围中，养成阅读习惯，提高阅读能力。要按照主管部门、学校及班级分工，层级制定阅读相关制度。通过打造阅读制度，规范阅读行为并使之内化为精神需求；建设良好的阅读环境，做到局有图书屋、校有图书馆、班有图书角、家有图书柜，构建阅读物质氛围；在学科考试中适度增加课外知识的考查，倒逼学生广泛阅读，营造良好的阅读氛围等。

发挥榜样的引领作用，让阅读成为每个人的自觉。榜样的力量是无穷的，好榜样对大家来说，是激励、鼓舞和鞭策。发挥榜样的引领作用，让阅读成为每个人的内在需求，变"要我读"为"我要读"的自觉。古今中外热爱读书、因读书而成就自我的典范不胜枚举，我们要用榜样的力量，引导学生发奋读书。还要发挥身边榜样的引领作用，如局长引领校长读，校长引领老师读，老师带着学生读，学生伴随家长读。同时，发挥群体榜样的作用，让"书香家庭"现身说法，让"书香学校"传经送宝，引领区域全体人员在阅读中追寻人生的价值，在书海中品味生活的滋味、获得成长，从而构建阅读新生态。

施以科学的读书方法，让阅读提质增效。可以聘请专家团队，指导开发阅读课程；组建教师队伍，开展阅读课题研究；组织学生交流，分享心得与方法；组织家长交流，畅谈亲子阅读的策略。多措并举，让精读、略读、泛读、跳读、反复读等多种方法熟于心，践于行。同时还要在"精思"上着力，在拓展融合上用功。引导学生边读边想，边读边做笔记，读写结合；将阅读既拓展到课外，又融入学科课堂。这样，阅读在提高学生成绩、增强学生学习能力、促进教学相长上的重要性得到广泛认可，"引导学生爱读书、读好书、善读书"的精神才会落地生根。

开展多彩的阅读活动，感受多元化的阅读体验。开展丰富多彩的阅读活动，可以获取信息、积累知识，更可以体味丰富多彩的人生，陶冶学生的思想情操。开展丰富多彩的阅读活动，可以把读、学、思、行有机整合，引导师生在阅读的体验、感受中自觉培养阅读兴趣和阅读习惯，提高师生的阅读品位，提升师生的学习、探究、思辨、创新能力，使阅读成为伴随终身的生活方式。比如，可以开展亲子阅读、主题阅读、百日阅读等。还可以开展创造性的阅读活动，如课本剧表演、读书汇报会、诗歌散文创作等，将阅读引向深入，推向大众，走向社会，最终实现全民阅读。

把开展读书活动作为一件大事来抓，让阅读伴随人的一生，让阅读伴随教育的全过程，无疑有利于构建区域教育新生态。

《中国教育报》2023 年 3 月 3 日

兴趣为纲，激发学生阅读潜能

山东省济宁市高新区三贾中学高级教师·刘沛华

做自己喜欢做的事情，往往能事半功倍。读书也不例外，读自己喜欢的书，效果相当明显。然而，古今中外的优秀文化典籍浩如烟海，什么样的书会是学生喜欢的呢？可以从学生兴趣入手，以兴趣为纲，纲举目张，引导学生向下扎根，向上生长，不断激发学生的阅读潜能。

回归生活，发现并培养兴趣。兴趣是最好的老师，个性鲜明的学生，潜能各有不同。对于学生的必读之书，教材已作出规定，在教师的指导下阅读这些书籍能收到较好的效果。但只读这些书籍，远远不够。引导学生回归生活，密切关注学生生活，可以帮助学生找到兴趣点。光有发现还不够，鼓励学生积极去做，引导学生有序去做，让学生的兴趣落地、生根，教师大有作为。

课堂生发，泛读兴趣融合之书。课堂是教育教学的主阵地，但教师的课堂教学很难让所有学生对整堂课内容兴趣盎然，教师可以激发学生对某一方面某一细节的兴趣，围绕课堂教学兴趣的生发点，引领学生广泛搜集相关资料，全面论证来龙去脉，实现课堂引领的兴趣点与学生本身的兴趣相结合，鼓励学生在兴趣融合区探寻，制定目标、拿出方案、执行方案、评价反思。项目式学习能够让学生乐此不疲，使融合创新不断涌现，潜能发展区得到进一步拓展。

利用课余，精读"无用"之书。很多人读书，都存在着为读书而读书的情况。然而，一些看似"无用"之书，虽不能切实解决读者眼前所面临的问题，却是学生的兴趣之书、潜能之书，这些书需要学生利用课余时间重点去精读。读"无用"之书，不为目标达成找捷径，全身心投入，学思结合，前后衔接，这种"无用"之书能为学生学习带来良性循环。

阅读是人类获取知识、启智增慧、培养道德的重要途径，可以让人得到思想启发，树立崇高理想，涵养浩然之气。读书需要有质疑精神，读书可促进精神成长，读书可以为主体发展拓展路径，当学生秉持质疑精神，实现生命丰盈，"我心光明致良知"就将成为学生成长的一种必然。

把读书作为大事来抓，建设好学习型大国，需要全社会共同发力，营造相对舒适的阅读环境。学生要读的书籍很多，能够用于阅读的时间却相对有限，因此，要让学习与阅读相辅相成。教师作为人类灵魂的工程师，肩负着教书育人的崇高使命，教师的引领、指导对学生的阅读至关重要。教师要为学生推荐书目，让学科教学与兴趣发展相辅相成，引导学生精读"无用"之书。教师的引导需要慎之又慎，切忌急功近利，否则欲速则不达。详细研读学生，从学生实际情况出发，才能让学生在阅读中遇见更好的自己。

《中国教育报》2023 年 3 月 1 日

读书离不开正确的方法引导

江苏省南通市通州区金沙中学教师·邱磊

对教育而言，阅读可以说是永恒的话题。不过，从实践的角度看，引导学生善读书，尚需一定的技法支撑。有些是客观层面的，有些带有主观性，缺一不可。

从科学上说，阅读需要遵循规律。比如，循序渐进就尤为重要。《如何阅读一本书》中提及的"基础阅读、检视阅读、分析阅读、主题阅读"四个层次，呈现了由浅入深、从易到难的阅读顺序。教师指导阅读时，面对年龄较小、阅读习惯尚未养成的学生，运用此规律，可以事半功倍。

拿阅读习惯来说，不少学生捧起一本书，就迫不及待地读正文。其实，恰当的做法应该从前言和目录开始。前言是一本书的前世今生、内容概括；目录则犹如框架，提纲挈领地列出大致结构。读完这两者，心中或生喜乐，或起疑惑，后面的阅读才更有味道。

阅读的另一个规律是积极复现，这是许多教师容易忽视的要点。学生在读书时，容易仅凭兴趣翻看，取舍随意，这样可能会浪费时间。曾国藩读书有个诀窍，叫"一书不尽，不读新书"。教师如果与学生商定了一本书，就须整本读完它，并且不能囫囵吞枣，得有节奏感、任务感。"不动笔墨不读书"，须边读、边画、边想、边批注。

一本书读完，教师要让学生积极"复现"，既可以是摘抄关键语句，也可以用自己的话归纳，甚至包括绘制思维导图、创作微视频等新颖形式。事实证明，可视、结构、个性的文本"翻译"，更符合大脑的运行逻辑。"阅读即复现",如果能把阅读思考"复现"于他人,往往会得到很好的记忆效果。总之,将学生的短期记忆转化为长期记忆,变"偶有心得"为实践力、创造力,催生出更美妙的阅读体验,乃是学校、老师提升学生"阅读力"的必由之路。

当然,我们同样不能忘记心理对阅读效能的影响。在公共心理上,凡是有益于人生的阅读,常有或高或低的理解门槛,而一遇到疑难或烦琐的地方,就难免有人以"读不懂""读不进"为借口推托搪塞。此时,阅读就需要有效率意识,如需要明确阅读一本书的时限,在阅读过程中需要"留痕",读后还要分享感受等。虽说兴趣是阅读的启蒙老师,但带着任务走近经典、行读天下,阅读的真味与旨趣才能渐窥门径。

最后,切勿忘记阅读文化。文化本身也是阅读,特别是群读的方式之一。师生间、生生间构建共读小组,彼此促进;建立"美美与共、各美其美"的个人图书馆,帮助学生做阅读整理、搜集、索引和应用;在写作、课堂、活动等多重应用场景中推动"阅读变现",实现其与"五育"的深度融合。

阅读即生长。用正确的方法提升校园阅读力,就是为每一个学生蓄能,为每一个生命点灯。

《中国教育报》2023 年 3 月 1 日

推动学生阅读不只是语文教师的事

浙江省宁波市镇海区教育发展研究院研训员·刘波

2023 年全国教育工作会议提出，要把开展读书活动作为一件大事来抓。近日，笔者参加了宁波市镇海区 2023 年教育工作会议，在局党委书记所作的报告中，看到了对这一精神的贯彻落实。

在我国大力推动全民阅读和建设书香社会的背景下，推动学生读书很重要。让学生爱读书、读好书、善读书，是一个系统工程，关系到阅读动力、阅读内容、阅读方法，并不是开展几次读书活动就能做到的，需要精心谋划、久久为功。

有效推动学生读书，除了需要教育行政部门和学校的重视，教师的作用也很关键，需要身体力行地带动学生。如果学生眼中的教师乐于读书，阅读行为随时可见，那么学生自然会受教师"阅读场"的影响，增加对读书的好感和热情。教师也唯有多读书，懂得什么是好书，才能和学生分享阅读的感悟，才有底气向学生推荐好书和做好阅读指导。

现实中，我们对学生阅读的认识还有点偏颇，常常把阅读局限在语文学科，尤其是文学作品的阅读上。如果我们留意一下，就会发现很多名师推荐的学生书单以文学类居多，这跟推荐者是语文教师有很大的关系。但有一点不容忽视，阅读不仅是语文学科的事，也是其他学科的事。因此，推动学生读书，各个学科的老师都不能置身事外。教育部基础教育课程教材发展中心受教育部委托，曾发布《中小学生阅读指导目录（2020 年版）》。该书目将图书分为人文社科、文学、自然科学和艺术四类，体现了大学科阅读的导向，充分体现德智体美劳全面培养的目标。所以，阅读指导的任务不仅仅是语文教师的事，其他学科的教师也需要躬身入局。

近年来，学生的学科阅读也日益受到重视。目前，朱永新教授正领衔研制"中小学师生学科基础阅读书目"，并已经发布了部分学科的阅读书单。有的学校已在开展全学科阅读的实践，并将其作为学校育人方式变革的有效路径。这对教师自身的阅读素养提出了更高的要求。

目前，中小学教师整体阅读情况还不容乐观。不少调查显示，中小学教师的阅读情况亟待改进。在"庆祝第三十八个教师节暨2022中国教师发展论坛"开幕式上发布的《以阅读促发展——我国中小学教师阅读状况调研报告》显示，我国教师基本阅读状况总体处于中等水平，教师的阅读计划性、主动性、互动性均有待提升。同时，存在着青年教师基本阅读状况水平总体偏低、高学段教师阅读状况总体水平偏低、理科教师总体阅读状况水平较弱、乡村地区教师阅读水平亟待改善等问题。

面对引导学生"爱读书、读好书、善读书"的要求，教师要进一步认识到自己在推动学生阅读方面的使命和担当，重塑自己的阅读观，进一步优化自己的阅读行为，并用自己的实际行动助力未来终身阅读者的培养。

《中国教育报》2023年2月23日

孩子阅读问题要从心理上求解

本报记者·张贵勇

据报道，有个孩子到书店买言情、盗墓小说，家长知道后警告店老板不准卖这样的书给她的孩子，老板照做了。但没想到，孩子叫同学代买，于是家长跑到书店摔砸新书，责令店家不要把"毒品"卖给自己的孩子。

报道中提到的家长有激烈反应，出发点是为了保护孩子，初衷可以理解，但不妥之处在于错误地将问题归因于书籍，迁怒于书店。书籍是不是"毒品"，应该由相关审批、监督、管理部门决定，只要经过正规的出版途径，通过层层审核，摆上书架即有合法身份。任何人都无权因个人喜好而要求下架书籍。

孩子喜好某些家长眼中不适宜的书籍，的确应该重视，但一味地堵也不是办法。正确的做法是主动了解孩子看某类小说、某种题材书籍的心理动因，找到阅读行为背后的情感诉求，然后再有针对性地教育引导。孩子的心理问题解决了，认知和阅读的问题自然能有效改善，从阅读所谓的快餐读物、网络文学，转向亲近优美的故事、丰富的知识，借助阅读放松身心、开阔视野、陶冶心灵、涵养品格。

孩子在成长过程中有阅读敏感期，也有阅读关键期。三岁左右的幼儿会对读图、听故事感兴趣，此时做好亲子共读能促进孩子大脑发育，帮助孩子养成阅读习惯。这个阶段的幼儿缺乏辨别力，需要家长把好内容关，给孩子阅读的书籍有必要自己先翻阅，尽量选择难度适宜、内容有趣、温馨有爱、价值观积极的作品。孩子上小学三、四年级后，在阅读上会呈现分化状态，即不同个性、爱好的孩子表现出不同的阅读趣味：有的喜欢阅读动物小说，有的喜好历史读物，有的对传统文化感兴趣，还有的对书籍敬而远之。此时，尽管不需要父母提前翻阅再给孩子推荐读物，但要了解孩子在读什么，尽量自己也读一读孩子喜欢的作品，并寻找合适的机会与孩子一起聊书，就书中的情节、人物、架构以及所传递的主题等进行探讨，通过交流引导孩子明辨是非、求真向善，树立积极的价值观。缺少关心与交流，不关注孩子的阅读生活，或强求孩子阅读自己认为的经典，或者认为读课外书就是不务正业，此三种做法都不可取，均无助于提高孩子的阅读能力和阅读品位，更无助于孩子穿越青春期，顺利地成长。

在孩子出现某些行为问题时，家长要多从心理学角度观察、分析、应对。如果能主动了解孩子的心理诉求，再巧妙地推荐适合的好书，孩子阅读之后，心灵得到慰藉之余，还拉近了亲子关系。当家长敞开心扉，放下所谓的权威，与孩子就包括阅读在内的各种话题诚意沟通，孩子自然愿意讲述心中之惑，而不是自己盲目求解。我从一个朋友那里听过一个令人震惊的例子：一天，他的孩子问他这个世界上有没有鬼。朋友听了后有点蹙眉，认为孩子胡思乱想，就找个借口搪塞过去了。没想到，等孩子高考后上了大学，朋友打扫房间时，在孩子床下发现好几本跟鬼怪有关的书。此事说明，孩子心里有疑问，从父母、老师或他人那里得不到答案时，就会自己去寻找答案，这样反而可能误入歧途。

因此，透过孩子的阅读偏好或行为问题，多了解他们的心理状况，是家庭教育的重要内容。找到孩子心理上的痛点或卡点，再通过言传身教、深入沟通、寻求科学的应对之策，才能真正帮助孩子穿越成长之阻。一个有趣的现象是，孩子在成长过程中，尤其是进入青春期后，不喜欢听人说教，愿意独处，此时一本好书恰恰是最好的德育帮手。在励志感人的故事中，孩子无形中会重新审视自我、他人与世界；在伟大人物的影响下，孩子也往往受到感召，发现问题，及时改正，重振旗鼓。善用好书力量的父母，大多是高明的父母；爱读好书的孩子，也会与更多的美好不期而遇。

《中国教育报》2022 年 11 月 15 日

拓展阅读深度，为终身发展蓄能

西昌民族幼儿师范高等专科学校图书馆馆长·廖德凯

4月23日是世界读书日。高等教育数据咨询平台麦可思统计了国内101所高校2021年度的图书借阅数据，发布了《2021年中国大学生图书借阅榜》。根据这份榜单，在所有图书类型中，文学类作品的借阅量"一马当先"。有研究显示，部分大学生在阅读广度和深度上存在不足。更令人担忧的是，一些大学生没有养成阅读习惯，特别是对经典作品的阅读习惯。

大学生不读书或者没有养成好的阅读习惯，对需要深度阅读的经典作品浅尝辄止，是令人遗憾的事情。因为以阅读习惯为基础，在专业书籍或兴趣类书籍的阅读上有一定的深度，在通识类书籍、科普书籍及其他人文素养书籍的阅读上达到一定的广度，是高等教育体系培养合格大学生的基础指标之一。可以说，没有一定的阅读广度和深度，甚至几年大学生涯还没有养成阅读习惯，很难成为一个优秀的大学生。

人们常常以影响个人阅读的动力因素和动力来源，将个人阅读行为分为功利阅读、兴趣阅读、自由阅读等。功利阅读指读书的目的取向为现实的功利服务，判断阅读某本书是否有必要，以能否解决现实问题为标准。兴趣阅读则是以个人兴趣为阅读取向，喜欢某个专业、某本书、某个作家，能从阅读中获取内心的愉悦。自由阅读与兴趣阅读相类，只是已经不太受专业、作者等外部因素的影响，阅读更多是遵从"眼缘"，更加随心。

对有更多自主意识、对阅读有了更多理解的大学生来说，功利阅读往往是形成良好阅读习惯的开端。没有一定的强制性压力，许多学生很难仅凭内心的饥渴感和兴趣战胜手机、游戏、社交等的诱惑而走进图书馆。从我们所了解的情况看，高校导师的指引和阅读要求，往往是学生提高阅读量的最大动力源。图书馆的阅读推广活动，则是制造学生阅读动力的多源结合，如评奖（功利阅读）、对推广书目感兴趣（兴趣阅读）、临时产生参与冲动（自由阅读）等。校内教育体系必须要结合学生的专业特点及群体特点，抓好学生阅读推广、推荐阅读书目、指定阅读书目等工作，引导大学生多读、深读经典。

课堂学习，是学习生涯的基本任务，完成得好，则大学的学习目标完成度的下限不会低，今后的人生下限也不会低。而影响人生"天花板"高度的，则在于学生是否有深度、广度上的阅读。良好的阅读习惯，不仅对学生的专业学习有较大的促进作用，而且会对一个人的见识、修养、学养、气质等产生积极影响，对人生的可塑性也会产生很大影响。"天花板"高了，空间也就广了。

总之，对高校大学生来说，无论处于何种层次，达到一定的阅读量及养成良好的阅读习惯都应当是成长的重要目标。图书馆等机构应采取多种形式，促进学生的阅读具备一定的深度和广度，从中形成学生的阅读兴趣，促成良好阅读习惯的养成，为学生的终身学习和阅读积蓄动力源。

《中国教育报》2022 年 4 月 23 日

童书阅读离不开真善美的价值引导

阅读推广人·陈子雅

  据荔枝新闻报道，近日，经典童书"小猪唏哩呼噜"系列内容引发争议。有家长反映，其中出现儿童不宜内容，部分故事传达了重男轻女、走后门送礼、欺行霸市等观念。对此，丛书编辑回应称，出版社将开会讨论作出评估，看一下大多数读者的反馈，重新对书本内容进行研究讨论。

  "小猪唏哩呼噜"系列是我国首位获得国际安徒生奖提名的作家孙幼军的童话代表作，创作于20世纪90年代初，讲述了一只名叫唏哩呼噜的小猪日常生活中所经历的奇遇。客观地说，该系列构思巧妙，语言风趣幽默，给不少孩子带来了欢笑。为本书配图的画家是裘兆明，其画风和孙幼军的语言风格相得益彰，让书本变得更富有吸引力，成为家喻户晓的经典童书。但也要承认，因为是指向现实生活的童话故事，书中的确如报道中家长所反映的，有一些当下看起来不那么合适的内容，如"重男"、欺行霸市等。

  对于这个问题，首先应该明白一点，那就是和其他种类的书籍一样，童书也有历史性、时代性，同样是当时社会风气、文化生活的一种反映。因此，要求创作于20世纪90年代初的童书完全契合21世纪20年代的社会观念，不现实也不合理。为其扣上"儿童不宜"的帽子，显然有失公允。

  另一方面，由于儿童年纪还小，缺乏足够的判断力和辨别力，因此在童书阅读过程中尤其需要家长的陪伴和引导，这是亲子共读的价值所在。亲子阅读的目的实际上不只是激发孩子的阅读兴趣，及早培育阅读的习惯，还有在阅读优秀童书过程中进行真善美的价值启蒙。只要书中弘扬的是积极的价值观，就可以和孩子一起读；遇到所谓"走后门送礼"等情节，则需要父母及时介入，通过和孩子深入探讨、分析等方式，让孩子知道什么是对的，什么是错的，以向优秀行为和榜样看齐。

从这个角度来说，童书阅读，尤其是早期的亲子共读，最关键的是父母给予孩子的价值引导和良好品行的培育，使其慢慢沉淀下如小猪唏哩呼噜一样乐观的天性、良善的品格。而且，优秀童书无一例外都有这一功能，通过展现正义战胜邪恶的过程、诚信善良得到回报等细节，来帮助孩子建立最初的价值体系，这也是童书阅读的重要收获之一。实际上，"小猪唏哩呼噜"系列中的所谓走后门送礼、欺行霸市等情节的呈现，所起的也只是欲扬先抑的作用，而不是教孩子也这样去做，是让孩子看到这样做的后果，从内心和行动上坚定坦坦荡荡做人的信念。父母与孩子多探讨和交流这些细节，做好价值引导，才算完成了对孩子的价值启蒙。当父母和老师为孩子做好榜样，打好阅读的底子，使孩子从小就多读真善美的童书，并在共读之中做好价值引导，孩子慢慢就会有自己的判断力，不仅能逐渐提高阅读品位和阅读鉴赏能力，还能懂得如何为人处事，做一个向光而行的人。

《中国教育报》2021 年 4 月 22 日

做好读物管理，协同打造书香氛围

本报记者·张贵勇

    阅读，尤其是阅读优秀读物，对于青少年成长而言具有启迪智慧、启蒙人生和奠基未来的重要作用。不久前召开的 2021 年全国教育工作会议强调，要抓好中小学作业、睡眠、手机、读物、体质管理，为落实落细立德树人根本任务提供更加科学的导向、更为多样的资源、更加灵活的方式。其中，做好读物管理，引导青少年养成良好的阅读习惯，形成较高的阅读品位，学校、家庭、社会有必要协同打造书香氛围，助力更多青少年心中有爱，勇于追梦，心系家国，砥砺奋进。

    "读书破万卷，下笔如有神""三更灯火五更鸡，正是男儿读书时""发奋识遍天下字，立志读尽人间书"……诸多读书之古训，至今看来依然很有借鉴意义。其实，进入移动互联时代，阅读不是可有可无，而是变得越来越重要。作为国家的未来与希望，青少年需要行万里路，更要读万卷书，尤其需要借助优秀读物开蒙启悟，强健内心，成才成人。

    但现实却不是那么令人乐观。由中国新闻出版研究院组织实施的全国国民阅读调查显示，2019 年我国成年国民人均纸质图书阅读量为 4.65 本，仅有超一成（12.1%）的国民平均每天阅读一小时以上图书，且城乡差异特别明显。与此相比，我国成年国民网上活动的娱乐化和碎片化特征明显，60.2% 的网民上网主要用于"聊天""交友"，56.9% 的网民主要是"看视频"，45.8% 的网民将"网上购物"作为主要网上活动之一。

    受大环境影响，我国青少年的阅读状况也不甚理想，不仅阅读量不大，阅读品质也不高。这固然与一些地方对盗版图书、低劣读物等治理不力有关，但更多的是许多青少年没有养成阅读习惯，没有得到及时的、科学的、有效的阅读引领。对此，一方面需要相关部门把好图书质量关，不能任盗版书、垃圾书、低劣读物以及具有明显错误价值导向的图书流通，打造高品质的图书市场。事实上，教育部对此高度重视，针对现有馆藏图书普遍存在版本陈旧、选本不优、门类不多、童趣不强等问题，专门开展了全国中小学图书馆图书审查清理专项行动，对非法图书，不适宜图书，外观差、无保存价值的图书等类别予以界定并规定处理措施。另一方面，教育者要认识到阅读对于青少年成长的重要性，在努力提高自身阅读水平之余，要了解儿童阅读规律，心中有一个清晰的青少年成长书单，适时适当地把优秀读物推荐给他们，让好书发挥精神引领和价值塑造的作用，成为陪伴他们成长的良师益友。

客观来看，青少年读书习惯的养成，首要责任在于家庭。父母如果爱读书，家里有书香，从亲子阅读扎实做起，孩子大多从小亲近好书，长大后亦手不释卷，内心善良有爱，而且能很好地屏蔽电子产品的负面干扰，具有较强的终身学习能力。站在孩子发展的角度，父母要有阅读意识和习惯，创造条件让优秀读物陪伴孩子童年，并在亲子共读中更新自己的教育理念，成为懂教育、懂阅读的父母。

学校教育也要积极发挥更大作用，助力学生阅读习惯的养成，把阅读作为重要的教育教学内容。可以参照教育部相关部门发布的《中小学生阅读指导目录（2020年版）》和《全国中小学图书馆（室）推荐书目》等，以及有品质的阅读机构、优秀的阅读推广人推出的童书书单，为学生量身定做合适的成长书单，让校园各个角落都有书香。鼓励教师多将经典引入课堂，作为教育教学素材，使优秀读物起到了解世界万物、解答成长困惑、浸润滋养心灵的作用，使学生在阅读中完善知识结构，在阅读中不断明晰方向与使命，在阅读中汲取奋进的勇气和前行的力量。

全社会合力营造书香氛围，做好青少年读物管理，既是历史文化的传承，也是时代发展的需要。引导青少年阅读，不能仅仅把书交给他们了事，教育者们还要有意识地与之多探讨交流，结成阅读共同体，使他们既爱读有字之书，也爱读无字之书。当青少年成为爱阅读、爱思考的群体，自然会保持思想活力，得到智慧启发，滋养浩然之气。有了阅读，他们的精神大地不再干涸；借助阅读的力量，他们的思想会走向开阔、深邃、成熟，能更好地担起自身使命，成为栋梁之材。

《中国教育报》2021 年 1 月 19 日

第四辑　教师新使命

躬耕教坛，强国有我

——献给第 39 个教师节

钟曜平

"饮其流者怀其源，学其成时念吾师。"第 39 个教师节来临之际，习近平总书记致信全国优秀教师代表，向全国广大教师和教育工作者致以节日问候和诚挚祝福。

时序更替、秋色醉人的季节里，我们迎来了又一个教师节。这一天，凝聚了我们共同的情感体验。心怀温暖与感激，让我们向 1880 多万躬耕教坛、培根铸魂的人民教师道一声辛苦了！

强国建设的战鼓擂动、号角长鸣，无数人民教师甘作一朵朵奔腾的浪花，无怨无悔地投身于时代的滚滚洪流，推动民族、历史向前发展。

一

扎根山区特岗，不让一人辍学。14 年来，山西省吕梁市临县柏树沟学校校长张杰先后在五所学校任教，化身孩子前行路上的"提灯人"，将最美好的年华和热情奉献给了山区的孩子。

为了提醒自己"争分夺秒"，我国草业科学奠基人任继周家里的每个房间都挂了钟表。"每讲两节课，我备课至少 8 小时。"虽已鲐背之年，他仍每日坚持工作 6 个小时。

59 岁的万步炎几乎满头白发，他笑着说"这是大海的馈赠"。把国家落后于人的地方当成努力的方向，万步炎常年生活在大洋上、研究室里，带领学生30多年如一日扎根海洋资源勘探技术研究。

……

心有万顷碧波，目光自是一片清光澄澈。别人眼中的苦，却是他们心头的乐。在人民教师群体中，这样的故事有太多太多。

虽然他们执教领域、授课方式、个性特点各不相同，但都蕴含着一个共同点，那就是，躬耕教坛、甘于奉献、心有大我、至诚报国。

他们乐教爱生、启智润心，俯下身子甘做铺路人，在最普通平凡的岗位上成就每一个孩子的精彩；他们勤学笃行、求是创新，在知识的领域上下求索、默默耕耘、栉风沐雨、百折不回；他们心有大我、至诚报国，扎根教坛、以文化人，满怀赤诚、奉献一生。

他们躬耕教坛的师者形象，彰显着既平凡又伟大的力量。

他们为何会做出这样的选择？透过历史的烟尘，探寻其中的密码会发现：躬耕教坛的选择不是凭空而生，而是深深扎根于中国悠久的历史文化与教育传统中。

——躬耕教坛，是一种行动上的坚守，意味着勤劳耕耘、甘于奉献。这是中华民族性格特征的集中体现。

中华文明根植于农耕文明。对于土地的依赖、敬畏，塑造了中华民族勤劳耕耘、坚韧不拔、吃苦耐劳、节俭谦虚的性格特征。在躬耕教坛的教师群体身上，我们不难发现这种血脉的流淌。

他们没有惊天动地的壮举，却像农民爱护自己的庄稼一样爱护学生，像耕农敬畏自然规律一样尊重教育规律。教师这份职业来不得半分虚假。正是躬耕教坛的教师心怀仁爱，有着日复一日不减的耐心，一步一个脚印地忘我奋斗，才有一代又一代人拔节孕穗般地成长。

——躬耕教坛，是一种思想道德上的锤炼，意味着言为士则、行为世范、勤学笃行、求是创新。这是中国教育传统中师者精神的魅力彰显。

从"学而不厌，诲人不倦""教学相长"的自我精进到"学为人师，行为世范"的自省自律，从"传道授业解惑""因材施教"的能力养成，到

"为往圣继绝学，为万世开太平"的价值追求……

中国自古以来重视教育，博大精深的中华文化孕育了宝贵的教育思想，形成了具有鲜明民族特征的师者精神。无论是孔子、孟子、朱熹、张载，还是蔡元培、陶行知、梅贻琦、张伯苓，或者是今天躬耕教坛的时代榜样，无一不是把思想道德上的锤炼作为一生的修行。他们躬耕教坛的人格魅力，不仅会影响学生的一生，更引领着时代的风气。

——躬耕教坛，是一种价值上的选择，意味着心有大我、至诚报国，胸怀天下、以文化人。这是家国情怀、教育报国等精神的传承演绎。

选择了做教师，就选择了与国家命运血肉相连。躬耕教坛承载着中国人教育报国、教育救国、科教兴国等理想追求。

新中国成立以后，钱伟长、华罗庚、郭永怀等冲破各种阻力，毅然奔向祖国的怀抱。与新中国同行的岁月里，"人民教育家"于漪、卫兴华、高铭暄用自己的选择诠释着教育工作者的初心，用自己一生的坚守践行着"学以报国"的使命。这不仅是延续"以文化人"的文化传统，更是在成就他人、报效国家中无限延展生命的宽度。

今天，教育强国的路径从未如此清晰。为全面建设社会主义现代化国家提供基础性、战略性支撑，这是中国教育的伟大使命。"躬耕教坛、强国有我"，这是千千万万人民教师回应时代呼唤的主动回答。

二

以教育之强奠基国家之强。凝聚新时代教育强国建设的精气神，不是简单说说、喊喊口号，也不是单靠外在力量驱动就能实现的。强国建设的伟大征程中，我们比以往任何时候都更迫切需要躬耕教坛的师者，将伟大美好的蓝图变为肉眼可见的现实。

——锻造攻坚克难的实力，教育强大迫切需要教师躬耕教坛。

纵观人类文明史，世界强国无一不是把教育视为对未来的"战略投资"和持久繁荣的根基。九年义务教育巩固率95.5%、高中阶段教育毛入学率

91.6%、高等教育毛入学率59.6%、教育强国指数比2012年上升26位……这一串数字，量化了一个国家教育的快速腾飞，标注了一个民族的奋斗足迹。

"强师计划""优师计划"等强力举措纷纷出台，让教师队伍实现了规模的显著扩张、素质的不断提升、结构的不断优化……加快建设教育强国，对高素质专业化教师队伍建设提出新的、更高的要求。

从教育大国到教育强国，还需要一代代教师艰辛跋涉、辛勤耕耘。教师需要承担起为国家育人才、为强国固根基的使命，更要结合时代所需，重塑自身，走向创新、拥抱创新、培育创新，为教育强国建设而教、为未来宏图而教。

——提振自立自强的底气，国家强盛迫切需要教师躬耕教坛。

科技自立自强是国家强盛之基。面向新一轮科技革命和产业变革，拔尖创新人才对于实现国家战略目标的重要性愈发凸显。夯实富强之基，迫切需要新时代的师者应时代之变迁、立时代之潮头、育时代之新才。

"育才造士，为国之本。"中华民族伟大复兴进入关键时期，前进的每一步都是一次知重负重的艰难攀爬，都是一次披荆斩棘的闯关夺隘。在全球科技创新竞争中站稳脚跟，需要一批有躬耕情怀的师者，培养造就更多具有国际水平的战略科技人才。

"努力事躬耕，但愿成嘉禾。"培养栋梁之才，不仅需要教师学业上的指导，更需要信仰上的指引。国以才立，业以才兴。教师是学生成长成才的引路人，是打造中华民族"梦之队"的筑梦人。唯有自身理想信念坚如磐石、潜心治学笃行不息，才能把炽热的教育情怀转化为持久的报国行动。

——夯实优质均衡的基础，人民幸福迫切需要教师躬耕教坛。

"我们的人民热爱生活，期盼有更好的教育。"从义务教育优质均衡到化解普职分流焦虑，从县中振兴到中西部地区高等教育发展……一个个教育话题无不彰显出人民对于获得更好教育机会的呼唤。

为学前教育立法，扩大公办园学位，"入园难""入园贵"问题有效缓解；"双减"政策扎实落地，家长和学生的身心负担变轻；国家中小学智慧教育平台上线、教育数字化战略深入实施……

教育是国计，更是民生。发展更加公平、更高质量的教育，是人民的期盼。把高质量发展作为各级各类教育的生命线，需要我们的教师以躬耕教坛的姿态办人民满意的高质量教育，用青春和汗水回应国家之需、人民之需。

三

"今年水曲春沙上，笛管新篁拔玉青。"强国建设恢宏壮丽的新篇章已经开启，教师躬耕教坛的精神内涵也在新的语境下发展演进。在强国建设的新时代，在加快推进教育现代化、助力实现第二个百年奋斗目标之时，躬耕教坛的师者应该有一幅怎样的画像？

习近平总书记给参加全国优秀教师代表座谈会的教师致信，全面深刻阐述了中国特有的教育家精神的丰富内涵和实践要求，也为我们清晰描绘了新时代躬耕教坛的师者画像。

——把牢强国建设的正确航向，新时代的师者应是心有大我、至诚报国的信念坚定之师。

"时代楷模"钟扬，援藏 16 年，跋涉 50 多万公里，采集了上千种植物的 4000 多万颗种子。他在世时，曾有人不解地问："你为什么要花那么多时间，到那么多地方采集种子？"钟扬的回答是："国家需要、人类需要这些种子。"

在中国大地上，有无数教师像钟扬这样，一生孜孜以求，追随心之所向，以身许党许国。他们始终心怀坚定不移的理想信念，始终充满殷殷的爱国情怀，与国家民族同频共振。

为什么需要信念坚定的教师？强国建设是人力、国力的比拼，更是一场意志力、民族凝聚力的较量。唯有依靠将实现国家富强的伟大目标化为职业信仰、将自身的价值选择与国家民族大计结合、将"小我"融入"大我"的教师，才能全面落实立德树人根本任务，确保人才培养方向，培养一批又一批立志为民族复兴铺路架桥、为祖国建设添砖加瓦、同人民一起奋斗的有用人才。

——护航强国建设行稳致远，新时代的师者应是言为士则、行为世范的品德高尚之师。

"做一个温暖的老师"，是安徽师范大学思政课教师路丙辉的座右铭。他探索提问式教学、互动式教学、情景式教学，让思政课成为受学生欢迎的"信仰课""人生课"。不仅如此，他还通过举办"青春毅行"等活动，锤炼学生的意志品质，努力做学生人生的"同行人"。

经师易得，人师难求。从新中国成立到改革开放，从教育扶贫到乡村振兴，从教育大国到教育强国，在新时代的接力赛场上，一大批师德高尚的教师涵养道德情操，努力做"经师"和"人师"相统一的"大先生"。

为什么需要品德高尚的教师？育人为本、德育为先。"吐辞为经、举足为法"，教师的一言一行都给学生以极大影响。教师坚持以德立身、立学、施教，努力做学生为学、为事、为人的"大先生"，当好学生锤炼品格的引路人，才能为青少年扣好人生第一粒扣子，为学生点亮理想的灯、照亮前行的路，为强国建设、民族复兴培养大德之才。

——厚植强国建设的人才根基，新时代的师者应是启智润心、因材施教的饱含智慧之师。

谁也不会想到，海拔2600多米的乡村学校能走出红遍网络的"海嘎少年"摇滚乐队。只因为教师顾亚看到了孩子们眼里对音乐的好奇和渴望。所以，即便没有乐器，顾亚也要东拼西凑，把为孩子们组建乐队的"疯狂"想法付诸行动。

于点滴处入心，于细微处育人。顾亚这样不断涵养育人智慧，在平凡的岗位上兢兢业业、春风化雨的优秀教师，点燃了孩子们的梦想，点亮了孩子们的人生。

为什么需要饱含育人智慧的教师？教育是一门以灵魂影响灵魂的艺术。每个孩子都是一本独一无二且奥秘无穷的书，需要教师用智慧去翻越，用心去感受和聆听。懂得教育艺术、富有教育智慧的教师，能引领学生追随理想之光，让每个学生都有人生出彩的机会，成为品学兼优的国之栋梁。

——为强国建设积蓄不竭动力，新时代的师者应是勤学笃行、求是创新的躬耕不辍之师。

　　草帽、挎包、深筒靴、水壶、工作服、笔记本……在华中农业大学的油菜试验田，一身农民打扮的傅廷栋院士不断观察、记录，一干就是六七个小时，一干就是 60 多年。被称为"油菜院士"的他，育成优质杂交油菜品种 15 个，累计推广"杂优＋双低"油菜近 1 亿亩，盐碱地遍开油菜花。

　　大国之间的角逐，是科技、经济的较量，背后是教育实力、师资力量的比拼，考验着教师的专业水平与躬耕态度。

　　为什么需要一大批躬耕不辍的教师？经济要腾飞、科技要发展，关键在人才，根本靠教育。高水平的良师，政治素质过硬、业务能力精湛、育人水平高超，是学生知识学习、创新思维的引路人，也是培养造就更多可堪大用、能担重任的优秀人才，为国家强盛夯实根基的保障。

　　——坚定强国建设的特色之路，新时代的师者应是乐教爱生、甘于奉献的仁爱敬业之师。

　　已退休的于漪老师，接过两名高中生的献花，脸上幸福荡漾。当得知他俩都有志于教育事业，于漪深情地说："选择教师，就是选择与百姓幸福、民族兴盛、国家强盛血肉相连的事情。"

　　教育是什么样子，明天就是什么样子。我们所要建设的强国，既有世界强国的共同特征，更有基于中国国情的鲜明特色。在"强国有我"的使命担当中，无数教师躬耕教坛一辈子，用大爱书写教育人生，以仁爱之心培育栋梁之材，让优秀人才代代辈出。

　　为什么需要富有仁爱之心的教师？富有仁爱之心的教师，可亲可敬，在学生内心种下求真向善的种子，涂上爱党爱国的精神底色，沉淀拼搏奋进的优秀品质。富有仁爱之心的教师，启迪学生完善人格，形成正确的世界观和人生观；富有仁爱之心的教师，为学生打好为人处世的基础，唤醒学生内在的无穷力量……

　　——实现强国建设光荣梦想，新时代的师者应是胸怀天下、以文化人的弘道追求之师。

有人曾经问叶嘉莹先生："中国的古诗会消亡吗？"叶先生坚定地回答："只要存在有理想、有品格的人，中国的古诗就不会消亡。"执教70余年，叶嘉莹先生化作古典文学的摆渡人，致力于诗教的薪火相传，以诗化人、桃李天下，在诵诗讲诗中养护着中华文明的根系，诠释着以文化人的真谛。

中华民族的先人，创造了光辉灿烂的伟大中华文明。深厚的家国情怀与深沉的历史意识，是中华民族历经千难万险而不断复兴的精神支撑，也是我们实现自我发展、回应挑战、开创新局的自信源泉。

为什么需要弘道追求的教师？我们的教育传统中，有着先忧后乐的家国情怀，有着"为天地立心，为生民立命，为往圣继绝学，为万世开太平"的至高理想，有着"天下兴亡，匹夫有责"的高度责任感……这些都是建设教育强国、实现中国梦不可或缺的精神力量。教师立志做胸怀天下的"大先生"，继承优秀教育传统，坚定文化自信，做传播中华优秀传统文化的好老师，才能培养有高理想、高追求、高境界、高素质的人才，回答好"培养什么人"这一教育的首要问题。

四

知行合一，方能行稳致远。应时代之所需，躬耕教坛的教师应该是幸福的、坚定的、充满力量的。这种稳定的状态来自内心的价值认同，最终表现在行动的持之以恒上。在强国建设中，广大教师如何彰显新担当，展现新作为？

——躬耕教坛须以教师之德筑牢青少年奋斗之基。

"今天我们重新踏上祖国的土地，觉得无限地愉快和兴奋。"1955年，钱学森克服重重阻挠，历尽艰辛回到祖国，"参加伟大的建设高潮"。扎根大漠，潜心科研，为"两弹一星"的研发、航空航天事业建立了不世之功。

半个多世纪后，2009年，怀着一腔爱国热情的黄大年，从英国剑桥返回祖国，以拼命三郎的精神叩开"地球之门"，抢占国际前沿科技制高点。"我的祖国更需要我"，是黄大年放弃在国外一切的唯一理由。如今，黄大年式教师团队在全国遍地开花，续写着心有大我、至诚报国的爱国篇章。

爱国是立德之源。筑牢青少年奋斗之基，广大教师首先要明大德。中国式现代化所需要的人才，一定是能够把爱党报国、敬业奉献、服务人民作为自觉追求的人才。厚植学生的家国情怀，广大教师要坚定崇高信念，胸怀爱国之心、砥砺报国之志、勤修爱国之德，做学生奉献祖国的引路人，引导青少年将个人理想追求融入党和国家事业之中，始终把国家和民族装在心中，将听党话、跟党走作为自觉追求，肩负起"强国一代"的历史责任和"强国有我"的时代使命，以实际行动将"小我"融入"大我"，将青春献给祖国。

路漫漫其修远兮，伟大复兴绝不是轻轻松松敲锣打鼓就能实现的。筑牢青少年奋斗之基，广大教师要守公德、严私德。今天，我们再次出发，迈出了以中国式现代化推进中华民族伟大复兴的坚定步伐，民族复兴的接力棒也交到了当代青少年手中。

青少年一代，既生逢其时，也重任在肩。广大教师躬耕教坛，要有言为士则、行为世范的道德情操，既要"谨身修行，足以范俗"，真正把为学、为事、为人统一起来，做学生锤炼品格的引路人，又要引领青少年自信自强、坚韧不拔，刻苦学习、提升本领，实干担当、奋勇争先，永葆锐意创新的勇气、敢为人先的锐气、蓬勃向上的朝气，成长为有理想、敢担当、能吃苦、肯奋斗的新时代好青年。

——躬耕教坛须以教师之变助推人才培养之变。

仅仅发布两个月，横空出世的 ChatGPT 月活跃用户就超过 1 亿。科学家表示，人类处理数学公式时，如果有几十个参数，就已非常之复杂，而 GPT-3 相当于用一个包含 1750 亿个参数的公式，来处理所有互联网上的数据。教育，处在改革的最前线。教师，作为教学主导者和知识传授者的权威地位受到猛烈冲击。站在必须变革的十字路口，唯有准确识变、科学应变、主动求变，才能成为那个勇立涛头、手把红旗旗不湿的弄潮儿。

观念一变天地宽，理念是行动的先导。教师之变，要以教育理念变革为先导。以知识传递为唯一目的的教育模式，已不足以回应时代之需。广大教师必须不断升级教育教学理念，树立科学的人才观、成才观、教育观，从传授知识向教会学生学习转变，从"育分"大步走向"育人"，以教学理念变革为先导，推动"五育"并举扎实落地，培养更多德智体美劳全面发展的时代新人。

新技术猛烈冲击传统教育模式，也在重塑教育环境，赋能未来教育发展，技术的力量无远弗届。教师之变，要以教学方式升级为手段。校园越来越智能，数字教育资源前所未有地增加，丰富的教学工具成为教师教学科研的有力助手……广大教师要积极拥抱和应用新技术，借技术之力提高教学效率、教育质量，更好地实现"差异化地教"和"个性化地学"，让因材施教的理想成为现实，助力人人成才。

人工智能时代，教师再优秀、再博览群书，其知识储备量也不会比人工智能更强。教师之变，要以自身角色转变为目标。教师会不会被取代？这并不取决于人工智能的发展程度，而在于教师角色转变的速度和深度。面对社会对人才的要求之变，民众对多样化、个性化教育的期待之变，教师绝不能满足于当好一个"教书匠"。对标"学习兴趣激发者""能力培养者""心灵沟通者""行为示范者""教育研究者"的角色，全方位重塑自身，教师这一职业就会变得越来越重要，而不是被取代。

——躬耕教坛须以教师之强厚植国家强盛之根。

北大、清华等名校毕业生去中小学教书是不是大材小用？能否站稳基础教育的讲台？近年来，随着大量名校硕博毕业生选择从教，相关话题争论不已。而现实是，与发达国家相比，我国基础教育教师的学历层次还有差距。

直面这一现状，基础教育强师计划提出要培养一批硕士层次中小学教师和教育领军人才。紧接着，"国优计划"启动，以北大、清华为代表的30所"双一流"高校，将发力培养高素质中小学教师人才……

"用最优秀的人，培养更优秀的人"，越来越成为共识。有教师之强，才有教育之强，才能厚植国家强盛的根基。

造就人才培养之强，为国家强盛注入源头活水。科技发展靠人才，人才培养靠教育。基础教育阶段广大教师要做学生创新思维的引路人，努力充实自身专业知识、提高专业素养，激发学生崇尚科学、探索未知的兴趣，培养其探索性、创新性思维，为拔尖创新人才成长夯实根基。高校教师要担负起创新人才培养的主体责任，厚植鼓励探索、鼓励创新的成长沃土，深入推进育人组织模式以及授课方式的变革，引导学生在实践中激发创新兴趣、形成创新思维、掌握创新方法、提升创新能力，找到可为之献身的真问题、大问题。

锤炼科研创新之强，更好服务国家战略需求。祖国的需要，就是高校科研工作者努力的方向。作为推进科技创新的重要力量，提升国家创新体系效能的关键资源，高校科研工作者要以国家战略需求为导向，坚持守正创新，坚持"四个面向"，加强原创性引领，加强基础研究，着力突破"卡脖子"难题，加快实现高水平科技自立自强。

凝聚服务社会之强，有力支撑经济社会发展。以教育之强夯实国家之强，最直接地体现在服务经济社会发展上。立足地方、深化产教融合，培养更多大国工匠、能工巧匠，职业教育教师大有可为。传承文明，要坚持为人民做学问的理念，努力构建中国特色、中国风格、中国气派的学科体系、学术体系、话语体系，为推进文化自信自强贡献力量。

积跬步以至千里。建设教育强国是一项伟大而艰巨的事业，是全党全社会的共同任务。置身这个伟大的时代，当自信自强、踔厉奋发、坚毅前行。让我们再次向躬耕教坛的人民教师致以崇高的敬意，感恩他们的选择与付出。让我们与人民教师携手同行，忠于党和人民，在"躬耕教坛、强国有我"的奋斗中收获成就与价值，抒写属于这个伟大时代的教育荣光！

《中国教育报》2023 年 9 月 10 日

培根铸魂，复兴征程担使命

钟曜平

历史的时针指向 2022 年，金秋的阳光染得遍地橙黄，在第 38 个教师节来临之际，在又见中秋月的美好佳节，让我们把最美好的祝福献给您——人民教师！

"人民教师，无上光荣。"习近平总书记心系教师、尊师敬师，提出了"'四有'好老师""四个引路人""四个相统一""大先生"等重要论述，为新时代加强教师队伍建设提供了根本遵循，也对教师潜心立德树人、勇担新时代使命寄予了殷切希望。

一

十年前，党的十八大召开，新时代的大幕徐徐拉开；今天，党的二十大即将召开，具有里程碑意义的新征程再次远航。

十年弹指一挥，中国这片有着五千年历史的大地上发生了什么？

脱贫攻坚战取得全面胜利、全面建成小康社会……中国实现了历史性的跨越式发展，为世界和平与发展不断贡献中国智慧、中国方案、中国力量……这些让世界瞩目、让世人赞叹的成就背后，是中国人民的艰苦奋斗、团结一致、众志成城。而教育则是支撑起民族崛起的基础性、先导性、全局性的力量。

十年大江奔流，中国教育又有着怎样的变化？

接受高等教育人口达 2.4 亿，高等教育毛入学率达 57.8%、在学总人数超过 4430 万人，居世界第一；九年义务教育巩固率达 95.5%，建档立卡辍学学生实现动态清零，因贫失学、辍学已成历史；职业教育培育千百万能工巧匠，助力中国高铁走出国门、"天宫"遨游太空……

十年旧貌换新颜，教育的中国特色更加鲜明，教育普及水平实现历史性飞跃，教育服务科技与经济社会发展能力显著增强，教育发展环境更加优化，中国教育的国际影响力持续提升……一曲教育兴邦、人才报国的壮歌广为流传。

中国为什么能腾飞？中国教育为何能取得如此成就？答案离不开人民教师的矢志奉献、培根铸魂。

中国走向世界的十年，中国教育腾飞的十年，也是人民教师坚定信仰、提高学识、重塑自我的十年。

十年来，人民教师的素养学识发生重大变化。小学教师本科以上学历从 32.6% 增长到 70.3%，职业教育"双师型"教师超过 50%，高校硕士研究生导师从 22.9 万人增长到 42.4 万人，博士研究生导师从 6.9 万人增长到 13.2 万人。这支规模宏大的高素质专业化教师队伍，支撑起世界上最大规模的教育体系，成为推进教育变革乃至大国崛起的重要力量。

十年来，人民教师的教育理念不断更新。他们毅然担起传播知识、传播思想、传播真理，塑造灵魂、塑造生命、塑造新人的时代重任，育人观念不断升维，落实"五育"并举，蓄力提升学生发展核心素养，促进学生全面发展，成为对社会有用的人，成为国之栋梁。

十年来，人民教师的育人方式发生重大变化。从学校单方面发力到集聚家庭、社会合力，全员育人、全程育人、全方位育人，学校、家庭和社会不是相互孤立的教育"孤岛"，而是彼此联系、互相补充的"环岛"，共同构筑一个强大的育人场域。

十年来，人民教师的"三个地位"不断提高。他们不再是靠粉笔直尺谋生的"教书匠"，而是承担最庄严、最神圣使命的"大先生"；他们矢志于人才的培育、文明的传承、道德的赓续，被学生爱戴，受社会尊重，不断为党和人民事业作出新的更大的贡献。

中国教师为什么能与时俱进，持续培育一代代新人？答案是他们找到并坚守着教育培根铸魂的历史使命。

一个国家、一个民族不能没有灵魂。教育，不仅是匡正个体的标尺，更是奠基国家的坚石。教师必须把立德树人融入思想道德教育、文化知识教育、社会实践教育各环节，潜心培育文化之根，努力铸造民族之魂。

回望过去，中国教师用扎实的专业学识续写师者的无上荣耀，用高尚的师德师风诠释教书育人的深刻内涵；回看当前，中国教师弘扬光荣传统，赓续红色血脉，让一代代新人扬青春风帆、强信念之锚；放眼未来，中国教师毅然担起培根铸魂育新人的伟大使命，让学生汲取到最为磅礴、最为持久的力量，开启壮阔无比、充满希望的新征程。

二

2021年7月1日，庆祝中国共产党成立100周年大会隆重召开，吹响了向第二个百年奋斗目标进军的号角。2022年10月16日，党的二十大将召开。这是在进入新征程的关键时刻召开的一次十分重要的大会，事关党和国家事业继往开来，事关中国特色社会主义前途命运，事关中华民族伟大复兴。

站在新的历史起点上，培根铸魂何以重要？

实现中华民族伟大复兴的中国梦靠什么？答案是人才！教育！伟大事业呼唤优秀人才，培养优秀人才需要高质量教育。

培养什么人，是教育的首要问题。"我们党立志于中华民族千秋伟业，必须培养一代又一代拥护中国共产党领导和我国社会主义制度、立志为中国特色社会主义事业奋斗终身的有用人才。在这个根本问题上，必须旗帜鲜明、毫不含糊。"习近平总书记的讲话振聋发聩，鲜明回答了我们要培养什么人的问题，为培根铸魂指明了方向。

培根铸魂，源自历史的启示。

"主义譬如一面旗子，旗子立起了，大家才有所指望，才知所趋赴。"正是沿着正确旗帜的指引，坚持社会主义办学方向，坚持把立德树人作为教育的根本任务，矢志培养担当民族复兴重任的建设者和接班人，我们的事业才不断向前推进。

从东欧剧变、苏联解体，到一些国家在"颜色革命"中陷入混乱，国际的历史经验告诉我们：教育的失误，无疑是惨痛的教训。

人才培养的方向出了问题，就可能犯历史性错误、颠覆性错误，确保红色江山永不变色就失去了依托。

放眼国际，回顾历史，教训和经验启示我们，教育必须培根铸魂。教育事关党运、国运，是党和国家的基础性事业，从根本上决定着一个国家和民族的前途命运。广大教师必须牢记为党育人、为国育才的初心使命，培养坚定不移听党话、跟党走的社会主义建设者和接班人。教育绝不培养旁观者和反对派、破坏者和掘墓人。这是大是大非问题，没有什么可商榷、可含糊的。

培根铸魂，源自现实的要求。

在北京冬奥会 1.9 万名赛会志愿者中，35 岁以下青年占到 94%。从"鸟巢一代"到"平视世界的一代"，青少年在与时代同行奋进中走向成熟，向世界展示了朝气蓬勃、开放自信的青春形象。

拼搏、奋斗、阳光、自信……这是青少年的主流。但没有哪一代人的青春是容易的。生活、工作的种种压力，现实骨感与理想丰满的反差，让青少年容易陷入迷惘。"躺平""佛系"等词语的流行，就是这种情绪的反映。

理想和现实、主义和问题、利己和利他、小我和大我、民族和世界……外部环境复杂严峻，国内改革发展处于攻坚克难、闯关夺隘阶段，一场百年未有之大变局迎面而来，新的政治、经济、社会、文化生态正在形成，新一轮大发展、大变革、大调整正在进行。社会价值取向日趋多元，不同思想文化交流、交融、交锋，青少年在成长过程中，必然会受到各种社会思潮的影响。

复杂的国际形势下，意识形态领域面临的斗争和较量尤为激烈。在这场没有硝烟的意识形态暗战中，青少年是各方角力的重要战场。

着眼现实，立足国内国外两个大局，教育必须培根铸魂。广大教师要努力做精于"传道授业解惑"的"经师"和"人师"的统一者，直面青少年的迷惘与困惑，从解求知之惑升维到解人生之惑，从解生活之惑上升到解方向之惑，从解心理之惑升华到解价值观之惑，引导广大青少年坚定理想信念，迈好人生的每一步。

培根铸魂，源自未来的召唤。

八年，减贫近 1 亿人，古今中外，绝无仅有；2021 年，经济总量超过114.4 万亿元，比 2012 年翻了一番多……新时代党和国家事业取得了历史性成就，发生了历史性变革。全面建设社会主义现代化国家新征程已经开启，未来，还需要付出更加艰巨、更为艰苦的努力。

"未来属于青年，希望寄予青年。"青年一代有理想、有本领、有担当，国家才有前途，民族才有希望。实现中国梦是一场历史接力赛，要一棒接着一棒跑下去。今天的青少年生逢盛世，重任在肩，是与新时代同向同行、共同前进的一代，更是实现第二个百年奋斗目标的主力军。伟大的事业要靠他们传承，光荣的梦想要靠他们来实现。

无论是巩固脱贫攻坚成果，推进乡村振兴战略，实现共同富裕，还是实现高水平科技自立自强，夯实国家强盛之基，都离不开一代又一代理想信念坚定，立志扎根祖国大地，敢于担当、脚踏实地的奋斗者、拼搏者。

放眼未来，教育必须培根铸魂。"请党放心，强国有我！"天安门广场上的铮铮誓言犹在耳。致力"强国一代"的培养，教师的责任何其重也！在青少年心中厚植爱国主义情怀，筑牢民族心、民族魂，锤炼品德修为，练就过硬本领，争做"复兴栋梁、强国先锋"，他们一定会在为实现中华民族伟大复兴的不懈奋斗中书写精彩人生。

"今天的学生就是未来实现中华民族伟大复兴中国梦的主力军，广大教师就是打造这支中华民族'梦之队'的筑梦人。"即将召开的党的二十大，将为中国标注一个新起点，教师也必然要担起新的历史使命——从党和国家事业发展全局的高度，培根铸魂、启智润心。

三

"每饭勿忘亲爱永，有生应感国恩宏"。2021年，杨振宁先生百年华诞，他用50年的人生选择回应邓稼先当年"但愿人长久，千里共婵娟"的千里同途之约。老一辈科学家赤诚的报国情令人泪目，也让我们深思培根铸魂的时代内涵。

培根铸魂意在何为？答案是为中华民族伟大复兴育新人。

培养担当民族复兴大任的时代新人，首先要打好他们的世界观、人生观、价值观基础，筑牢精神体系的"底层操作系统"。而培根铸魂所指示的"代码"，是打通这一关键环节的"密钥"。

培根铸魂，是在涵养时代新人的气度格局，引领他们胸怀世界、敢于斗争。

实现中华民族伟大复兴，必须诠释好中国与世界的关系。没有气度格局，很难凝聚世界人民最大的共识。构建人类命运共同体，是实现中华民族伟大复兴中国梦的内在要求。让这份方案赢得世界的认可并最终实现，要靠时代新人接续奋斗。

信息化时代，世界的声音已经通过各种传播途径与方式进入青少年的生活中。面对多样的世界文化、政治、经济潮流，我们不可能回避、忽视，更不能阻止。时代新人应该有一种底气和格局：既不崇洋媚外，也不故步自封；既能扎根中国看世界，又能置身世界看中国。

如何培根铸魂涵养时代新人的这种气度格局？新时代的人民教师应该有一种自信，那就是从中国共产党百年奋斗经验和伟大精神谱系的丰富内涵中寻找答案，为青少年解疑释惑，感召时代新人胸怀天下、敢于斗争，自信地站在世界舞台。

在全球新冠疫情的大考面前，应该交出怎样的答卷？面对西方国家的技术封锁，我们应如何自处？面对来自霸权主义的政治挑衅，中国又该如何应对？……

无论是中国疫苗跨山越海、持续为多国民众带去希望和信心，还是科技自立自强、人才自主创新能力不断升级，抑或是亮出"出卖中华民族整体利益，中国人民决不答应"的鲜明态度……教师必须引导学生意识到，党领导下的大国之所以有担当，是因为背后有源源不断的内在支持力。这个力量是中国共产党百年奋斗的重要历史经验——坚持胸怀天下，始终关注人类前途命运；这个力量是中国共产党不可战胜的强大精神——敢于斗争、敢于胜利。

放眼世界与未来，还必须进行具有许多新的历史特点的伟大斗争。三尺讲台虽小，却大有乾坤。教师要用教育的力量将党的奋斗经验和精神力量赋予时代新人，这是国家攻坚克难、应对世界挑战的底气，也是时代新人立足当下、迎接未来的必备素养。

培根铸魂，是在构建时代新人的当代理想人格，传承为国为民的文化血脉。

"路漫漫其修远兮，吾将上下而求索。"自古以来，中华民族高度重视如何做人，注重对理想人格的思索与形塑。民族复兴不仅是宏大的社会远景，更意味着每一代人要有追求理想人格的文化自觉。

党的十九大报告明确提出"培养担当民族复兴大任的时代新人"。这是党和国家继承中华优秀传统文化，立足新时代民族复兴大任所指明的当代理想人格。青少年只有准确把握时代精神，才能将个人追求同社会发展的内在精神相契合，汇聚成磅礴力量，让一个民族行稳致远。

如何培根铸魂，塑造时代新人的理想人格？"善于从中华民族传统美德中汲取道德滋养"，习近平总书记的嘱托对教师有着深深的启示：要扎根中华优秀传统文化，汲取塑造时代新人理想人格的道德力量。

教师培根铸魂必须有内在的文化自信，引领时代新人清晰地看到一条文化脉络。那就是从传统儒家文化中"以天下为己任"的担当精神、"仁者爱人"的至善品质、"以民为重"的民本思想、"舍我其谁"的崇高气节，到今日时代新人立大志、明大德、成大才、担大任，里面隐藏着重大启示：一个人如果没有"为中华民族谋复兴"的伟大情结，精神就会"卸除武装"、萎靡不振；如果没有"为人民谋幸福"的高尚情怀，行动就会"懈怠不前"、迷失方向。

将为国为民的文化血脉代代传承，教师本身应成为青少年的人格榜样。创造大山里教育奇迹的张桂梅、一生都在播种"希望"种子的钟扬、把山路走成通天大道的"乡村教育守望者"张玉滚……他们如萤火汇成星河，映照中华民族，在教育事业的版图上将爱与生命奉献给国家、人民，生动勾勒出新时代理想人格的精神面貌。

培根铸魂，是在筑牢时代新人的信仰根基，赋予他们坚定跟党走的政治灵魂。

历史的教训足够深刻。辛亥革命打破了一个旧时代，但没有构建起社会大众完整的信仰体系和价值系统，最终未能挽救中华民族于水火之中。直到俄国十月革命的一声炮响，给中国送来了马克思列宁主义。

试想，如果不是笃信共产主义，星星之火何以燎原？回顾党的百年征程，无论是戎马倥偬的战争年代，还是破旧立新的建设年代，用政治信仰武装头脑、凝聚共识，是我们党带领人民披荆斩棘、破浪扬帆的最宝贵经验之一。

如何培根铸魂为时代新人注入政治灵魂？"人生的扣子从一开始就要扣好"，对于理想信念的树立，习近平总书记满心牵挂、语重心长。没有正确的政治观点，就等于没有灵魂。当开学第一课的铃声敲响，当学生思想的方向出现迷茫，新时代的人民教师要有一种担当，将共产主义信仰内化为时代新人前行的力量。

帮助青少年读懂历史、树立信仰，这是教师培根铸魂的重大课题。中国共产党为什么能，中国特色社会主义为什么好，归根到底是因为马克思主义行！历史是信仰力量的最好证明。

百年前的中国，有人不避生死坚定共产主义信仰，为中国开辟光明的前途和命运。今日的中国，实现中华民族伟大复兴，要靠时代新人筑牢信仰根基。政治信仰不是一时兴起，更不是为功为名。教师培根铸魂必须有一种坚持不懈的信念感和纯粹心，要根据青少年的成长规律循循善诱，教会他们用马克思主义观察时代、把握时代、引领时代，用习近平新时代中国特色社会主义思想武装头脑、解决问题。

这正是中华民族伟大复兴赋予教师的光荣使命。

四

如何培根铸魂，承载起党和人民的殷切厚望，育好民族复兴的"参天大树"？

做好培根铸魂的工作，方向为先。

永定河畔，团城湖旁……从2013年到2022年，连续十年，习近平总书记每年春天都会和孩子们一起种树，"前人栽树，后人乘凉，我们这一代人就是要用自己的努力造福子孙后代。"十年树木，百年树人，一棵棵"生命之树"，种在辽阔的土地上，更在青少年心中扎下了根。

求木之长者，必固其根本；欲流之远者，必浚其泉源。传道者首先要明道、信道，教育者先受教育，这是传道育人的关键和前提。承担塑造灵魂、塑造生命、塑造新人的时代重任，教师首先要树立对马克思主义的信仰、对中国特色社会主义的信念和对实现中华民族伟大复兴中国梦的信心。广大教师要牢记教育报国初心、担当筑梦育人使命、永葆"赶考"的清醒与坚定，始终同党和人民站在一起，把立德树人作为根本任务。

做好培根铸魂的工作，能力为要。

何以为师？如何提高培根铸魂的能力？概括起来，就是六个字：为学、为事、为人。广大教师要牢记习近平总书记的嘱托，努力做为学、为事、为人的"大先生"，做"经师"和"人师"的统一者，以自己的模范言行影响和引领学生成长。

为学以真。求真学问，是"大先生"们的毕生理想。广大教师要秉持格物穷理之精神，实事求是、勇于探索、捍卫真理，用马克思主义的立场观点和方法观察世界、分析世界，学懂弄通、指导实践，用真学问为莘莘学子把好人生的总开关，扣好人生的第一粒扣子，用真学问做学生严谨治学的引路人。

为事以恒。"捧着一颗心来，不带半根草去。"教师的光荣与伟大，在于燃烧自己照亮学生前行的路。广大教师要坚守教育事业，爱岗敬业、勤勉实干，以高度的使命感和责任心，兢兢业业、持之以恒地做好教书育人工作，用自身对事业的坚守为学生做榜样，做学生奉献祖国的引路人。

为人以德。师德是教师的立师之本，更是职业灵魂所系。好教师首先应该是以德施教、以德立身的楷模。育人的事业，既是言传，更在身教。以德立身、以德立学、以德施教、以德育德，做学生锤炼品格的引路人。如此，学生方能以师为镜，成长为栋梁之材。

做好培根铸魂的工作，平台为重。

一寸山河一寸血，一抔热土一抔魂。新时代教师要用好红色资源，传承好红色基因，在学生心中注入为国为民的文化血脉，用党的创新理论铸魂育人，不断增强针对性、提高有效性，实现入脑入心、启智润心。

浇花浇根，育人育心。思想政治理论课是落实立德树人根本任务的关键课程，是培根铸魂的主渠道和主阵地。要牢牢抓住思政课这一关键课程，统筹推进大中小学思政课一体化建设，久久为功、绵绵用力，因事而化、因时而进、因势而新，让更多学生爱上"真理的味道"。

"思政课不仅应该在课堂上讲，也应该在社会生活中来讲。"教师要把"有字之书"和"无字之书"有机融合，引导学生近距离洞察社会、观照时代，在祖国大地上受教育、长才干、作贡献，在社会大课堂上厚植爱国之情、坚定强国之志、砥砺报国之行。

广大教师要善用"大思政课"平台，努力成为讲好思政课的"大先生"、履行课程思政责任的"大先生"、做"学为人师，行为世范"的"大先生"。

做好培根铸魂的工作，要为教师打造安心从教、热心从教、舒心从教、静心从教的环境。

从 1462.9 万人到 1844.4 万人，十年间，教师队伍日益壮大。正是这群平凡而又伟大的教师，支撑着培根铸魂育新人的教育体系，履行着打造中华民族"梦之队"的筑梦人使命。

修订教师法，进一步保障教师地位和待遇；出台《新时代基础教育强师计划》，着力推动教师教育振兴发展……近年来，一个个具有里程碑意义的法律政策文件陆续出台，为打造大国良师作出了顶层设计、指明了前进方向、巩固了思想根基。

激发教师培根铸魂的力量，要让教师权益得到应有的保障、教师地位不断提升、教师待遇政策落实到位。教师有了更广阔的发展空间、更舒心的育人环境，立教之本将更加稳固、兴教之源将愈加丰盈、培根铸魂之步履将更加坚实。

三尺讲台系国运，一颗丹心育新人。在全面建设社会主义现代化国家、向第二个百年奋斗目标迈进的新征程中，广大教师要努力秉承培根铸魂的育人理念，为实现中华民族伟大复兴的中国梦勇毅前进、踔厉奋发，续写师者无上荣耀，用实际行动迎接党的二十大胜利召开。

《中国教育报》2022 年 9 月 10 日

赓续百年初心，传承师者精神

—— 写在第 37 个教师节之际

钟曜平

今年是中国共产党成立 100 周年、"十四五"规划开局之年。在这个满天秋色、层林尽染的收获时节，我们迎来了第 37 个教师节，让我们向孜孜于立德树人、培根铸魂、为党育人、为国育才的 1700 多万名人民教师致以崇高的敬意和节日的问候。

一

在辽阔的中国大地上，有无数人为了一个伟大的梦想前仆后继。

他们中有很多既是普通的教师，又是以九死未悔之心为民族谋复兴的共产党员。

为了中华民族的崛起，中国共产主义运动的先驱、北京大学图书馆主任李大钊，发出"背黑暗而向光明，为世界进文明，为人类造幸福"的洪亮呐喊。

为了伟大的共产主义理想，中国共产党第一位女党员、湖南省立第一女子师范学校附小主事缪伯英，很早就立下了"既以身许党，应为党的事业牺牲"的坚定决心。

为了打造一个新中国，中国共产党早期主要领导人之一、上海大学教务长瞿秋白，将毕生心血用于打造一个"美丽的世界"。

……

波澜壮阔的历史画卷上，一大批信仰坚定、无畏险途的师者，引领一大批意气风发、才华横溢的学生，投身于中国的革命事业，让满目疮痍的中国大地燃起希望之光。

在辽阔的中国大地上，有无数人见证着共和国不平凡的发展之路。

他们中有很多既是普通的教师，也是致力于社会主义现代化建设的奋斗者。

钱学森，曾是中国科学技术大学近代力学系主任，他在中国航天由无到有、由小到大、创造11个"第一"的过程中发挥了不可替代的关键作用。

王选，曾是北京大学无线电系助教，却成功设计了中国计算机汉字激光照排系统，闻名寰宇。

袁隆平，曾是湖南省安江农业学校教员，创建了超级杂交稻技术体系，解决了人口大国的吃饭难题。

……

从一穷二白到世界瞩目，从人力大国到人才强国，在中华民族的崛起之路上，人民教师在讲台上认真教书，在讲台下刻苦钻研，中国经济腾飞、文明富强的背后，有他们辛勤耕耘、无私奉献的身影，有他们心系家国、无悔青春的拳拳之心。

在辽阔的中国大地上，有无数人参与了中国走向文明富强的壮阔征程。

他们有很多既是普通的教师，也是令人敬佩的建设者；他们奉献着自己的光和热，培育了一代又一代社会主义新人。

心有大我、至诚报国的黄大年，以国家战略需求为己任，带领团队取得一系列重大成就。面对时代的召唤，他说："我是国家培养出来的，只要祖国需要，我必全力以赴。"

"人民教育家"于漪，"站上讲台就是生命在歌唱"，一辈子做教师，走出了自己的教学之路。在育人上，她是一代师表；在教改上，她是一面旗帜。

"七一勋章"获得者张桂梅，创办华坪女高，守护着山区孩子的未来，建校12年来把1800多名女孩送入大学。她是崖畔的桂，雪中的梅。

……

中华民族伟大复兴的新征程，凝聚着无数教师的青春汗水，回响着无数教师的铿锵脚步。他们，以积极的姿态参与脱贫攻坚、全面建成小康社会伟大战役；他们，地震灾害发生时第一时间保护学生，疫情期间义无反顾赶往最前线……他们，用实际行动诠释了何为高尚师德，何为师者精神。

回望百年历史，红船精神、井冈山精神、长征精神、延安精神、抗疫精神等，伴随中国革命、改革、建设的光辉历程，共同构成我们党在前进道路上战胜各种困难和挑战、不断夺取新胜利的强大精神力量和宝贵精神财富，构筑起中国共产党人的精神谱系。

回望教育征程，师者精神由远及近，从少有论及到人所共识，内涵日益凸显，维度渐渐清晰。

有教无类、因材施教、传道授业解惑，教之以事而喻诸德，"学为人师，行为世范"，以人格魅力引导学生心灵，以学术造诣开启学生的智慧之门，人民教师以广博的专业学识与高尚的先生之风，诠释着师者精神的深度。

"为天地立心，为生民立命，为往圣继绝学，为万世开太平""先天下之忧而忧，后天下之乐而乐"，坚持国家至上、民族至上、人民至上，心有浓厚的家国情怀、强烈的责任担当，人民教师心怀爱国之情、笃行报国之志，彰显着师者精神的高度。

"春蚕到死丝方尽，蜡炬成灰泪始干""捧着一颗心来，不带半根草去"，甘当人梯，甘当铺路石，一大批矢志于培根铸魂、启智润心的教师，以赤诚之心、奉献之心、仁爱之心投身教育事业，无怨无悔，任劳任怨，拓展着师者精神的宽度。

从传播知识、启迪思想、无私奉献，到"让每个人都有人生出彩机会"，从教书到育人，从个人到家国，从小我到大我，教师，已然是唤起一代代学子追随先辈、培养家国情怀、栉风沐雨、砥砺前行的力量。师者精神，早已如涓涓小溪汇入大江大河，与伟大建党精神融为一体。

守教育报国初心、担立德树人使命、圆民族复兴之梦，在建设社会主义现代化强国的道路上，师者精神自当念兹在兹、代代传承、光芒永绽。

二

穿越历史洪流，一代又一代师者展现出崇高的师者精神，与伟大建党精神高度契合。新的赶考路上，师者精神也是广大教师牢记初心使命、克服艰难险阻、办好人民满意教育的力量源泉。

传承师者精神，是造就一批又一批大国良师的要求。

陈独秀、夏明翰、陈望道，他们是"盗火的普罗米修斯"，为旧中国带来了真理和重生的希望；徐特立、成仿吾、吴玉章，他们是无产阶级教育家，为党培养了一批又一批服务革命和建设需求的人才；黄大年、钟南山、黄旭华……他们是新时代的师者，在育人岗位上兢兢业业，在国家需要的战场上迎难而上。不同的时代，同一个使命，他们有一个共同的名字：大国良师。

"国势之强由于人，人材之成出于学"。大国教育，需要良师；走好强国之路，更需要拥有大格局、大境界、大智慧的大国良师。

养成大格局，必须传承师者精神，以始终胸怀祖国、心系人民的育人情怀，使学生具备能够适应未来社会发展需求的创新、责任和实践素养，适应全球化和国际化的素养，堪当民族复兴大任。

培养大境界，必须传承师者精神，发扬"捧着一颗心来，不带半根草去"的精神，以赤诚之心、奉献之心、仁爱之心投身教育事业，培养"有教无类""大爱无我"的境界。

涵养大智慧，必须传承师者精神，保持对教育的热爱和坚守，拒绝功利、远离浮躁，努力用一个生命唤醒另一个生命，承载塑造灵魂、塑造生命、塑造新人的时代重任。

传承师者精神，是培养一代又一代时代新人的要求。

100年前，上海法租界，一群平均年龄只有20多岁的青年正在谋划一件开天辟地的大事。正是这群先进青年，创建了中国共产党，拉开了百年巨变的历史大幕。100年后，在庆祝中国共产党成立100周年大会上，共青团员和少先队员们喊出了"请党放心，强国有我"的青春誓言。

"未来属于青年，希望寄予青年。"百年恰是风华正茂，新时代青年正当其时。在实现第二个百年奋斗目标新的赶考之路上，广大教师重任在肩。传承师者精神，是教师心之所系、目标所向、责任所在。

传道者，首先要明道信道。真正的师者无不对教育事业怀着崇高的使命感和强烈的认同感，愿意为了追求真理而上下求索。坚定理想信念、厚植家国情怀，以德施教、以德立身，引导一代代青少年立大志、明大德，必须传承师者精神。

中华民族伟大复兴，绝不是轻轻松松、敲锣打鼓就能实现的。今天的青少年只有不断加强品德修养、增长知识见识、培养奋斗精神、增强综合素质，才能成为祖国建设的栋梁之才。人民教师做学生的引路人，引导青少年成大才、担大任，必须传承师者精神。

传承师者精神，是办好新时代人民满意的教育要求。

"中国历来只是地主有文化，农民没有文化……中国有百分之九十是未受文化教育的人民，这个里面，最大多数是农民。"1927年，毛泽东在《湖南农民运动考察报告》中一针见血地指出中国教育的沉疴积弊。新中国成立之初，全国人口 5.4 亿人，文盲率却高达 80%，中国教育之积贫积弱可见一斑。

一百年弹指一挥间，我们建成了世界最大规模的教育体系，推动教育总体发展水平进入世界中上行列，在中国几千年的历史上首次解决"学有所教"的问题，并不断向"学有优教"迈进。教育奇迹的背后，是坚持中国特色社会主义教育发展道路，更离不开千千万万人民教师的辛勤耕耘、无私奉献。

教育之重，亦是时代之托。进入发展新阶段，"建设高质量教育体系"是新时代教育发展的最鲜明主题。

立足当下，以"双减"政策为代表，一系列重塑教育生态的变革正在轰轰烈烈地进行。不管是夯实学校教育主阵地作用，还是实现课后服务全覆盖，解决教育领域党中央关心、群众关切、社会关注的急难愁盼问题，都需要传承师者精神，需要广大教师的认同、支持与付出。

着眼长远，满足人民群众对更加公平、更高质量教育的期待，办好人民满意的教育，建设教育强国，为伟大复兴中国梦筑基护航，更需要广大教师传承师者精神，敢啃"硬骨头"、勇于担当，不负人民重托、国之期待。

三

面对已然开启的新征程，历史与未来决定了教师必须从百年党史中汲取精神动力，让师者精神永绽光辉，为国家培育时代新人。

传承师者精神，教师要用坚定的理想信念指引学生成长成才。

坚定理想信念，要像复旦大学教授钟扬一样，用强大的理想做最坚实的铠甲。"任何生命都有其结束的一天，但我毫不畏惧，因为我的学生会将科学探索之路延续。"只要对研究有帮助，他就会带领学生一次又一次地走进那些最偏远、最荒凉、最艰苦的地方。这种源自内心的指引可以让人无畏艰险，勇于攀登知识的高峰，给人战胜困难的决心和勇气。

坚定理想信念，要像乡村教师孙浩一样，潜心耕耘，用坚定执着践行当初的誓言。安徽宿州，汴河北岸，如古老的河水一样，他以纯真之心诉说着对孩子的深情，年复一年坚守在乡村教育的土地上。教育不可能一蹴而就，更不可能一劳永逸，教师要像麦田里的守望者一样，用心守候学生的成长。

经师易得，人师难求。好老师是"经师"和"人师"的统一，心中要有国家和民族，要明确意识到肩负的国家使命和社会责任。教师是教育工作的中坚力量，要加强自身思想政治素质和师德修养，坚持国家至上、民族至上、人民至上，胸怀大局、心有大我、至诚报国，用信仰之光引导广大学生树立为中华民族伟大复兴而奋斗的理想。

百年党史蕴含着为党育人、为国育才的丰厚养料，广大教师应身体力行，带领学生从党史学习中汲取历史智慧，传承红色基因，用伟大建党精神滋养初心、淬炼灵魂，为筑牢理想信念提供强大精神支撑。

传承师者精神，教师要用高尚的品格支撑起教育的风帆。

河北大山里，让140万亩荒山披绿，带领10万名农民脱贫致富，李保国把论文写在了祖国大地上。扎根深山17年，张玉滚用自己的全心付出，照亮了山区孩子的求学之路。他们的身上展现了高尚的道德情操，树起了一座座师者品格的丰碑。

德者，师之魂也。教师要以德施教、以德立身，涵养高尚师德，严于律己、以身作则，用高尚的道德情操去感染学生、引导学生，做学生锤炼品格的引路人。

"教，上所施，下所效也。"教师要以人格魅力、模范品行为学生树立榜样。教师不能只做传授书本知识的"教书匠"，而要努力成长为塑造学生品格、品行、品味的"大先生"。

爱国是最宝贵的品德，做学生奉献祖国的引路人，教师要在平凡岗位上发挥无私奉献的敬业精神，让学生的德与智得到最大程度的启迪、润泽和提升，使之深刻领悟到报效国家和民族、爱己爱人的道理。

传承师者精神，教师要用智慧的力量点亮学生的求学之路。

2020年疫情期间，停课不停学，95岁高龄的清华大学教授张礼不甘落后，变身主播上网课，一时成为美谈；湘潭大学退休教授沧南，耄耋之年仍坚持潜心钻研，指导学生从事习近平新时代中国特色社会主义思想研究……这些师者身上展现了扎实学识、与时俱进、终身学习的品质，是引导学生学习知识的引路人、创新思维的典范。

"水之积也不厚，则其负大舟也无力。"进入互联网时代，知识获取的门槛大为降低，权威对知识的垄断被打破，教师和学生的界限也不再泾渭分明。要给学生一碗水，教师要有一潭水。适应这种学习生态的变化，教师要树立终身学习理念，追求"苟日新，日日新，又日新"的发展境界，不断充实、拓展、提高自己的专业素养。

新一轮科技革命和产业变革正在重构全球创新版图、重塑全球经济结构。培养创新型人才，提高自主创新能力，打造创新型国家，人才是根本。教师要与时俱进，把自己培养成创新型教师，踊跃投身教育创新实践，积极吸纳科学的教育理念，采用科学、高效的教学方法，创新师生关系模式，在教育创新中培养学生创新能力。

传承师者精神，教师要用仁爱之笔擘画教育的未来。

湍急的江流中，教师王红旭不顾危险，舍己救人；扎根重庆大山里的扶贫校长张涌涛，生命已经进入倒计时，仍坚守在教书育人的岗位上；在讲台上精益求精，做科研心系育人，在结束最后一场博士生论文答辩后于梦中溘然长逝，对外经贸大学教授于瑾用生命诠释对学生的爱……他们无一例外，用行动演绎了师者的大爱。

爱是教育的灵魂，没有爱就没有教育。爱学生，就是要做学生的良师益友，平等地对待每一名学生，使每一名学生都享受到平等受教育的权利，用细致的关爱之心帮助学业、生活困难的学生，让每一名学生都健康成长，让每一名学生都享受成功的喜悦。

爱学生，就是要为他们成长铺路。潜心耕耘，用热爱教育的定力、仁爱奉献的初心，在阻断贫困代际传递的教育坚守中，照亮孩子前行的路。

一路走来，在他们身上，有多少坚定前行，多少师者大爱，多少无私奉献……眺望未来，教师将与学生心连心、同呼吸、共命运。他们将以信仰支撑起远大的教育理想，用高尚的情操驱散世俗的迷雾，用渊博的知识滋润学生的心田，用仁爱之心铸就教育的灵魂。他们将用爱的力量化作教育事业前进的巨大动力，化作民族复兴的强大助推器。在向全面建设社会主义现代化强国的第二个百年奋斗目标迈进的征程中，教师将矢志不渝，奋力谱写新时代立德树人新篇章。

四

百年奋斗路，拳拳赤子心。党的风华正茂映照着教师的意气风发。站在"十四五"开局之年眺望未来，高质量教育体系大厦正拔地而起，教师是奠基者、建造者。

从昨天走向今天，我们因师者精神的伟大而备受鼓舞；从今日奔向明天，我们要为教师群体的发展而谋划发声。实现教育优质均衡、减轻学生校内校外负担……未来的教育航道上有诸多必须征服的巨浪，需要教师坚定信念、迎难而上。如何让教师队伍强如参天巨树，新芽岁岁破枝、枝干年年伸展？唯有强师惠师！

奔赴教育新征程，强师惠师需要持续提高教师的待遇和地位。

"参加教育工作 20 余年，工资增长近 20 倍，我自己挺满意现在的生活。"今年教师节来临之际，有教师这样表达自己的心声，只言片语中流露出作为教师的幸福感。

幸福感来自尊师重教的时代强音。"让教师真正成为最受社会尊重和令人羡慕的职业"，习近平总书记对教师的关怀言犹在耳。

幸福感来自一个"不低于"目标的实现。2020 年，全国 2846 个区县义务教育教师平均工资收入不低于当地公务员，撕下了教师收入微薄的标签。

这背后是国家以法律制度为利剑，为不断提高教师待遇和地位所作出的努力。

6 月的夏天，一张张高考志愿单和求职意向表说出青年学子的心之所向，"师范热""教师热"成为新时代的新气象。与吸引人才同样重要的是留住人才，这需要持续提高教师的尊严和地位。

地位的提升体现在更实在的待遇保障上。无论是国家教师工资福利支出占财政性教育经费比例连续多年超过 50%，还是地方拿出"教师未兑现教育质量考核奖，公务员不能发放综合目标奖"的魄力，都是这个时代对教师的厚爱。其中既要解决好教师与公务员待遇的"对标"问题，也要兼顾不同教师群体的收入差异。

尊严和地位彰显于更体贴的人文关怀。教师也是普通人，也会生老病死。他们得到的尊重，应该是有温度的。例如，疗休养制度、体检制度深入落实，公共场所提高优待……教师感受到的获得感、幸福感会润物细无声地洒在孩子心间，滋润教育的土壤。

奔赴教育新征程，强师惠师需要充分激发教师的内生动力。

百年奋斗路，教育的发展与党的奋进征程交相辉映。

深化改革被写进这个特殊的年份。2021 年，仅 1—8 月，近 50 项事关教育的政策发布，为高质量教育体系定方向、定框架。

历史长河会记住这个特别的时间节点。刚刚过去的盛夏，"双减"政策重磅落地，教育改革直指最尖锐的问题。

校内是教育的主阵地，教师是攻坚克难的主力军。教师的内生动力不可能仅依靠责任感。教师管理综合改革更深入地推进，会给教师注入向着未来奔跑的力量。

这意味着教师将看到更加干净、纯粹的校园环境。他们不必因各类非必要的检查、评估、评价而皱紧眉头，不必因升学率、学生考试成绩被强硬束缚，更不必因职业上升通道而焦头烂额。

这意味着教师身处更加科学、灵活的评价体系。超额的付出可以得到合理的回报，教学工作实绩会有科学的评价，职称评聘突破岗位结构限制。

优秀的教师站在教学一线，有个性的教师可以尽展其才，有活力的学校因此生成，有梦想的孩子因其成才。

奔赴教育新征程，强师惠师需要给予教师全面的成长空间。

相较于其他职业，教师的独特幸福是能够享受生命的双重成长。科技潮流滚滚而来，知识更迭速度不断加快。给新时代教师队伍快速提质，必先搭建广阔的平台。

师范教育是教师队伍的源头活水。全国 28 个省份实行地方师范生公费教育，每年约 4.5 万名公费师范生到乡村任教。有志于从事教师职业的优秀青年得以满怀希望、无后顾之忧地走上教书育人的神圣岗位。

教师的成长发展有其内在的规律，不同年龄段、学段的教师在不同阶段会面临各种各样的挑战和困惑。高校、政府、中小学"三位一体"协同育人，以技术创新为手段创建学习研修平台，支持教师和校长大胆探索……职业发展之路上得到真切的关怀和支持，教育家型教师必定不断涌现。

"一个肩膀挑着学生的未来，一个肩膀挑着民族的未来。"迈向伟大复兴的路上，教育的使命愈加艰巨，教师的职责愈加重要。忠于党和人民的事业，赓续百年初心，不忘育人使命，教师的担当会让一个民族自信地实现伟大梦想！

《中国教育报》2021 年 9 月 10 日

担负起立德树人的初心使命

—— 热烈庆祝第 36 个教师节

钟曜平

在第 36 个教师节到来之际，习近平总书记代表党中央，向全国广大教师和教育工作者致以节日的祝贺和诚挚的慰问，对广大教师在抗击新冠疫情和脱贫攻坚中的责任担当与重要贡献给予高度肯定。习近平总书记希望广大教师不忘立德树人初心，牢记为党育人、为国育才使命，为培养德智体美劳全面发展的社会主义建设者和接班人作出新的更大贡献。

习近平总书记教师节重要寄语高瞻远瞩、内涵丰富、情深意切、催人奋进，充分体现了党中央对教育事业和广大教师的亲切关怀与特殊厚爱，是对教育系统的鞭策，并为当前统筹做好教育系统常态化疫情防控和全面复学提供了思想指引。学习贯彻落实好习近平总书记重要寄语精神，对奋力推进新时代教师队伍建设和教育事业改革发展具有重大意义。

习近平总书记希望广大教师不忘立德树人初心，牢记为党育人、为国育才使命，这是广大教师从事教育工作的根本遵循。古今中外，每个国家都是按照自己的政治要求来培养人的。我国是中国共产党领导的社会主义国家，这就决定了我们的教育必须把培养社会主义建设者和接班人作为根本任务，培养一代又一代拥护中国共产党领导和我国社会主义制度、立志为中国特色社会主义奋斗终身的有用人才。面对中华民族伟大复兴的战略全局和世界百年未有之大变局，立德树人初心不能忘，为党育人、为国育才的使命不能忘。

在这个平凡又特别的教师节，让我们牢记习近平总书记的重要寄语，向逆行出征、坚守阵地的教师致敬。疾风知劲草，烈火见真金。138所高校的371家附属医院1.4万名医护人员驰援湖北，慷慨逆行、白衣为甲、以生命拯救生命；以钟南山、张伯礼等为代表的专家成为抗击疫情的中坚力量。突如其来的疫情打乱了生活与教学，也在考验着教育系统的战斗力、团结力和向心力。1700多万名专任教师响应号召，坚守教书育人阵地，确保2.8亿学生"停课不停学"。抗击疫情、守护亿万师生身心健康，支撑起世界上最大规模的在线教育，中国教师迎难而上、能堪重任、不辱使命，充分诠释了新时代的师者力量。他们是"战疫"中的真英雄！

在这个平凡又特别的教师节，让我们牢记习近平总书记的重要寄语，向扎根一线、默默耕耘的教师致敬。危急时刻挺身而出、迎难而上所迸发的师者力量，根植于当代人民教师的高尚师德和责任担当。在打赢全面建成小康社会的脱贫攻坚战中，他们坚守教育一线，履行教书育人的使命。尤其是坚守在最边远、最贫困、最艰苦地区的数百万乡村教师、近百万特岗教师、数十万支教教师，他们为了阻断贫困代际传递，为了孩子们拥有一个灿烂的前程，为了确保如期完成脱贫攻坚目标任务、全面建成小康社会，呕心沥血、殚精竭虑、贡献着最平常又最深远的力量。他们也是时代的真英雄！

向广大师者致敬，不仅是要学习他们的高尚师德和伟岸情操，最关键的是让教师真正成为受社会尊重和令人羡慕的职业之一。毫无疑问，尊师重教，尤其是善待乡村教师是国家共识和行动方向。近年来，各级党委和政府深入贯彻落实《中共中央 国务院关于全面深化新时代教师队伍建设改革的意见》，满腔热情关心教师，推动全国教师队伍整体面貌呈现出了新变化。可以说，不断为广大教师工作、生活、发展创造更好的环境，吸引越来越多的优秀人才投身教育事业，用优秀的人培养更优秀的人。这条尊师重教之路，我们走得越来越铿锵、越来越坚实。

目前，统筹做好常态化疫情防控和教育教学工作，是摆在广大教师面前的重要工作，我们要牢记习近平总书记的嘱托，确保全面复学、正常复学、安全复学。尤为重要的是，新一轮科技革命和产业变革带来的激烈竞争前所未有。培养既有家国情怀又具有国际视野，能够适应社会经济变革和未来发展的创新型人才，对教师的能力和素养也提出了新的更高要求。积极探索新时代教育教学方法，不断提升教书育人本领，是时代的要求，也是广大教师的心声和迫切愿望。坚持以学生为中心，积极拥抱现代化教学手段、互联网和信息技术，推动人才培养模式改革，更好满足学生多样化、个性化、全面发展的需求，是不断提高教书育人本领的必由之路。而健全中国特色教师教育体系，构建完备的教师专业发展体系、推动教师终身学习和专业自主发展，建设一支高素质专业化创新型教师队伍是教育部门以及全社会的责任。

时代在召唤，国家使命在呼唤。今天的我们比历史上任何时期都更接近中华民族伟大复兴的目标，与时代同行、与国家民族共命运，是广大教师的责任，更是广大教师的荣光。广大教师要牢记习近平总书记的嘱托，不忘立德树人初心，牢记为党育人、为国育才使命，为培养德智体美劳全面发展的社会主义建设者和接班人作出新的更大贡献。

《中国教育报》2020 年 9 月 10 日

弘扬尊师风尚，奏响教育弦歌

—— 写在第 35 个教师节来临之际

钟曜平

第 35 个教师节翩然而至，让我们衷心祝福教师！

在这个欢庆的时刻，你是否记起了那个闪耀着光芒的词汇——"万世师表"。这个词里包含着人们对传道授业解惑之人——师者的尊重。在源远流长的中国文化中，尊师重教的优良传统始终绵延不绝。

"疾学在于尊师，师尊则言信矣，道论矣。"古人甚至把是否尊重教师看作是一个国家兴衰的晴雨表，只因"师"与"道"从来都是一体之两面。任何一个不尊师重道的国家或民族，终会失去学习、进取的能力。

新中国成立 70 年来，尊师风尚依然在传承中闪耀，在闪耀中传承。尊师的传统让我们更加相信教育，相信读书能够改变命运；尊师的行动也强化了我们的文化认同与自信。

这是充满温情的守护、敬畏与弘扬。

一

"师尊而后道显"，先贤的教诲我们要内化于心、外化于形。新中国成立70 年，不仅书写了人民教师的成长史，也写就了一部尊师史。

师道兴，国祚绵长；师道损，国衰而亡。历史不断证明，国家发展与尊师文化紧密相连，尊师不仅兴学兴教，还可以兴国兴邦。

新中国成立 70 年来，流传千年的华夏民族尊师重教传统，不仅得到系统传承、持续弘扬，还日益被赋予更多鲜活内容，"尊师"和"重教"紧密相连，为中华民族走向复兴的伟大征程提供了源源不断的力量。

"筚路蓝缕，开民教以先声"。尊师重教，从点燃"扫盲"火种开始，为新中国教育事业起步和培育国家发展需要的人才安下第一块基石——

新中国成立之初，百废待兴，教育的重要任务是"扫盲"。1949 年 12 月在北京召开的新中国第一次全国教育工作会议，明确了当时教育工作的建设方针：教育为国家建设服务，学校向工农开门。是教师，为新中国的建设播下燎原的火种。随着一所所学校建立、一批批人才被培养出来，电子工业、石油化工等一批新兴工业陆续建设起来……从提高国民素质开始，新中国从人口大国向人力资源大国的跨越由此起步。

尊师重教推动了教育的高速发展，推动了人的全面发展，加速了人力资源强国建设的进程，为改革开放输送了高素质的人力支持，提供了创新力量——

改革开放之初，各行各业急需优秀人才，但当时全国人均受教育年限只有 4.5 年，从业者文化素质不高等现实情况犹如无形枷锁制约着各行各业的发展。

在党的领导下，尊师重教之风吹遍华夏，尊师重教成为全国上下的坚决行动，中国人民励精图治、奋发图强。如果说，1984 年北京大学学生在天安门广场打出的横幅"小平您好"振奋了全国人民，那么 1985 年 9 月 10 日，庆祝第一个教师节的北京师范大学学生在学校操场上展开的"教师万岁"标语同样具有无比深远的意义。

历史的车轮滚滚向前，时代坐标不断更新中国的发展方位。科学技术越来越成为提高生产力最活跃的因素，也成为国际竞争的主战场。聚力创新发展实现赶超，成为时代的不二选择。尊师重教，为"中国速度""中国奇迹"提供着源源不断的动能。

从"尊重知识，尊重人才"到"教育大计，教师为本"，从设立教师节到《中华人民共和国教育法》等法律的制定，党和国家弘扬尊师传统，千方百计改善教师社会地位，提高教师待遇。教师得到了比以往任何时代都要多的厚爱，广大教师在岗位上有幸福感、事业上有成就感、社会上有荣誉感。尊师重教，让中国在走向世界、迈向现代化的过程中更有自信与底气。

进入新时代，尊师的接力棒得到更有力的传递，尊师越来越融入中华民族的精神血液，成为写在华夏子孙基因里的鲜明品格。

二

随着中国这艘巨轮驶入从"站起来"到"富起来""强起来"的新航道，中国教师意气风发地走进新时代，教师队伍建设不断加强，尊师与中国教育一起，成为耀眼的中国名片。

时针拨回到 2016 年 9 月 9 日，习近平总书记回到自己度过小学和初中岁月的母校——北京市八一学校，同教过自己的陈仲韩、陈秋影等几位老教师一一握手，愉快回忆往事。

座谈会上，八一学校校长在发言时说："欢迎首长回到学校。"习近平总书记则说："到这儿就没有首长了，都是学生。"他还说："我非常怀念那段岁月。不管走到哪里，我都惦念着母校，同母校保持着联系。"

字字句句，折射出真情实意。尊师这件事，习近平总书记身体力行了几十年：

2014 年教师节前夕同北京师范大学师生代表座谈，畅谈"'四有'好老师"；2016 年教师节来临之际，回八一学校看望师生时，提出四个"引路人"的期许……每到教师节，看习近平总书记去哪所学校考察，讲了哪些尊师重教的金句，已成为广大关心教育人士内心的一种期待。

在新时代，尊师的风尚比过去受到更多鼓励。

这风尚，是一种温暖——

"各级党委和政府要从战略高度来认识教师工作的极端重要性""满腔热情关心教师，改善教师待遇，关心教师健康，维护教师权益……使教师成为最受社会尊重的职业"……

从"极端"二字的战略定位到"满腔热情"的关心，背后是习近平总书记对教师的殷殷关切。这种关切也正在变成教师切实的获得感：实施乡村教师生活补助政策、统一城乡教职工编制标准、教师平均工资水平不低于或者高于当地公务员、落实完善教师医疗养老等社会保障政策……

教师所关心的事，成为党和国家领导人心中最牵挂的事。

这风尚，是一种希望——

"广大教师要做学生锤炼品格的引路人，做学生学习知识的引路人，做学生创新思维的引路人，做学生奉献祖国的引路人""一个人遇到好老师是人生的幸运，一个学校拥有好老师是学校的光荣，一个民族源源不断涌现出一批又一批好老师则是民族的希望"……

从"学生学习知识的引路人"到"民族的希望"，这是习近平总书记为"教师"二字划定的外延。这种外延，正在变成各种扎实的行动：以体系为支撑，深化教师教育改革；以标准为引领，加强各项制度建设；以重大项目为示范，提升培养培训水平。

尊师，成为一种向着未来的奔跑。

这风尚，是一种传递——

"要让全社会广泛了解教师工作的重要性和特殊性，让尊师重教蔚然成风""家长要尊重学校教育安排，尊敬老师创造发挥，配合学校搞好孩子的学习教育，同时要培育良好家风，给孩子以示范引导"……

从社会到家庭，这是习近平总书记对尊师的切实要求。这种要求正在全社会扎实传递：构建各级各类教育师德建设制度体系，师德建设步入规范化、制度化轨道，如建立乡村教师荣誉制度、大力选树师德典型、督促查处违反师德事件……

尊师正在规范化、制度化的引领下成为一种行为自觉。

温暖、希望、传递……行进在新时代，尊师风尚正在汇聚成一股力量，这力量推动中国从教育大国迈向教育强国，这力量推动中华民族大踏步迈向伟大复兴。

三

造就合格的建设者和接班人，必须依靠教师来实现，千方百计激发教师的工作热情和创新活力。尊重教师，要从法律、制度和物质方面全面发力。

如今，中华民族比历史上任何时期都更接近伟大复兴的目标。在这样的历史节点，我们需要投身民族复兴宏伟事业的年轻人，需要把激昂青春梦融入伟大中国梦的年轻人，需要拥有真才实学在各自岗位上发光发热的年轻人——造就合格的社会主义建设者和接班人，必须依靠教师来实现。

曾有人邀请教师们给过去的自己写一封信。教师们写道："你以后会得慢性咽炎，一天会上八节课，趁现在赶紧去学习一下正确的发声技巧""对别人的孩子尽心尽力，你也要善待自己的孩子，记得身体是革命的本钱，不要太操劳"……字里行间，饱含生活的酸甜苦辣。

教师们渴求的尊重，同样应该是充满烟火气的。当他们超负荷运转时，需要得到合理的休息；当附加给他们教学以外的事务越来越多时，需要为他们减负……教师们的渴望，正是全社会要持续努力的方向。把尊师重教落实到社会生活的方方面面，这不仅是时代发出的召唤，更是时代布置的考题。

破题之道，在于法律——

"法者天下之仪也"。1993 年，《中华人民共和国教师法》颁布，国家在法律上对尊师作出保障，在多个层面对提高教师地位和待遇予以法律保障，提高教师的地位和待遇日益深入人心。近来，《中共中央 国务院关于全面深化新时代教师队伍建设改革的意见》提出，确立公办中小学教师作为国家公职人员特殊的法律地位。"有法而不循法，法虽善与无法等。"为维护法律权威，彰显教师尊严，从中央到地方，配套文件与政策接连出台。

破题之道，在于制度——

尊师，是要让备受尊重成为广大教师的日常感受，让教师神圣成为他们共同的情感基础。做到这一点，需要有周到的制度安排。教师荣誉制度的建立、教师职称评定的突破、教师住有所居的推进、教师业务培训的强化、教师"疗休养制度"的落实、教师公共场所的优待……只有制度体现出真切的力度和温度，才能使尊师成为全社会自觉维护和践行的价值观。

破题之道，在于物质——

如果说在过去，教师收入微薄是不得不承受的时代之痛，那么在社会主义现代化建设取得巨大成就的今天，清贫绝不应该成为教师的标签。

教师承载着一个社会对崇高道德和精诚奉献的美好想象，但这绝不意味着教师应该甘于贫苦。教师也是普通人，他们也为人父母、奉养老人，也有追求美好生活的合理诉求，经济收入是稳定教师队伍的关键。

法律上有保障，制度上有安排，待遇上有优势。从《中共中央 国务院关于全面深化新时代教师队伍建设改革的意见》到《教师教育振兴行动计划（2018—2022年）》《教育部直属师范大学师范生公费教育实施办法》等，相关文件密集出台，党和国家对于教师群体持续关心，高度重视。如今，党和国家比以往任何时候都更加注重教师的重要价值，注重弘扬尊师的文化风尚。尊师早已走出校园、走向社会，在全国各个角落不断传诵。"让教师成为全社会最受人尊敬、最值得羡慕的职业"，这也是全社会关心教育、热爱教育的人们的共同期盼。

四

回应尊师风尚，教师也要坚定理想信念，打造过硬本领，遵守新时代教师职业行为规范，以扎实的专业素养、严谨的师德师风、高尚的胸襟情怀来立德树人，抒写自己的育人故事，奏响新时代的教育弦歌。

为学莫重于尊师，绘就未来美好教育蓝图，全社会都应弘扬尊师风尚；为师亦莫重于自尊，回应全社会对教育之殷殷期待，尤其是进入新时代，教师更要以实际行动来诠释为师之道、育人之道、教育之道。

弘扬新时代尊师之风，需要教师坚定理想信念——

2014年9月9日，习近平总书记考察北京师范大学，对全国教师提出做"好老师"的四点要求，第一条就是"有理想信念"，"要用好课堂讲坛，用好校园阵地，用自己的行动倡导社会主义核心价值观，用自己的学识、阅历、经验点燃学生对真善美的向往"，让爱国主义精神在学生心中牢牢扎根，做学生锤炼品格、学习知识、创新思维、奉献祖国的"引路人"。

进入新时代，教育的使命愈加艰巨，教师的职责愈加重要，需要教师自觉做中国特色社会主义的坚定信仰者和忠实实践者，忠诚于党和人民的教育事业，不忘初心，躬身实践，身体力行，致力于真正革新教育之面貌，帮助学生扣好人生第一粒扣子，唯此方能"一个肩膀挑着学生的未来，一个肩膀挑着民族的未来"。

弘扬新时代尊师之风，需要教师严于律己——

"人能弘道，非道弘人。"传道者明道、信道、守道，是弘道之前提。新时代教师职业行为十项准则等规章制度对教师的一言一行提出了具体要求，教师应牢记育人使命，守住师德红线，与之一一对照，坚定立德树人这一根本任务，严格要求自己，不断完善自己，才能既无愧于人民教师的光荣角色，又能做好塑造学生品格、品行、品位的"大先生"。

教育承载着国家未来、人民期盼，时代赋予教师光荣使命、伟大职责。担起努力培养德智体美劳全面发展的社会主义建设者和接班人这一历史重任，需要教师自尊自爱、自觉自省、自信自强，以德立身、以德立学，勤勉自律，全面贯彻党的教育方针，落实素质教育，科学育人。

弘扬新时代尊师之风，需要教师具有过硬本领——

于漪老师在教学上从不重复自己；李吉林老师长期坚守在教科研第一线；陈果老师主动了解学生当下的困惑与问题，努力创造了能够打开心扉的思政课；胡海岚教授长期坚持在脑科学方面扎实去做一系列研究，在系统神经科学这一进展快速且竞争激烈的领域取得辉煌成果……

三尺讲台所承载的价值，其实是思想的塑造、道德的引领、能力的培养，最终落在优秀人才的培育。教师唯有具备扎实的知识功底、过硬的教学能力、勤勉的教学态度、科学的教学方法，才能在各个方面给学生以帮助和指导，做好"大鱼前导，小鱼尾随"，师生从游，以共同生长。

"云山苍苍，江水泱泱，先生之风，山高水长"，一代代教师担起塑造灵魂、塑造生命、塑造人的使命，担起中华民族"梦之队"的筑梦人的教育职责。尊师，让教育之光代代相传、薪火不灭，汇聚起向一代代学子"传授已知、更新旧知、开掘新知、探索未知"的磅礴力量……

　　让尊师重教蔚然成风，让敬师爱教入心见行，教育未来更值得期待，祖国明天将更加美好。

《中国教育报》2019 年 9 月 9 日

以德育德，筑梦中国

——写在第 34 个教师节来临之际

钟曜平

又值金秋，我们迎来了和教师节的第 34 次相约。

这是一个拥有 1600 多万名成员的光荣群体，这是专属于他们的节日，他们有一个共同的名字：教师！

"国将兴，必贵师而重傅。"设立教师节，就是当代中国"贵师重傅"的至诚体现！ 9 月 10 日，这个原本平平常常的日子，自从被确定为教师节，遂一跃成为全民族公共文化生活中最重要的时间坐标之一。

百年大计，教育为本；教育大计，教师为本；为师之道，以德为本。

"弘扬高尚师德，潜心立德树人。"今年教师节的主题，一个"德"字，回应着时代的叩问，寄托着人民的希冀。

德，是衡量教师的永恒圭臬。因为教师从事的是塑造灵魂、生命与人的工作，唯有以德育德、立德树人，做学生的"大先生""引路人"，帮他们"扣好人生的第一粒扣子"，为师者才不辜负时代使命、职业担当。

—

时针拨回四年前，2014 年教师节前夕，北京师范大学。

习近平总书记在北京师范大学看望教师、学生时，提出了后来广为人知的"'四有'好老师"标准，其中，"有道德情操"居于重要地位。

"德者，才之帅也。"在擅长以一字包罗万象的中华传统文化中，"德"字涵盖了人的所有行为标准和精神操守，"有德""无德"，是评价个人乃至群体的核心标准，正所谓"国无德不兴，人无德不立"。师德，则是教师群体共同的精神指南和行为准则。

《说文解字》中说："教，上所施，下所效也。"于学生而言，教师不仅是传授知识和技能的人，更是为人的榜样、做事的楷模。教师在施教过程中，不仅要以才服人，更要以德服人。教师的一个师德善举，可能让学生感念一生；教师的一个失德言行，可能给学生造成巨大的精神创伤。

在我国，重视师德，自古而然。汉代杨雄有云："师者，人之模范也。"《礼记·文王世子》中说："师也者，教之以事而喻诸德者也。"前者强调教师的自我修养，即在各方面都要做世人的楷模，为学生树立求知、为学、做人的榜样；后者强调立德树人，身为教师，不仅要传授学生"谋事之才"，更要教导学生"立世之德"，从这个意义上讲，"师德"比"师业"更重要。

"诲人不倦"，这是孔子眼中的师德；"捧着一颗心来，不带半根草去"，这是陶行知眼中的师德；"热爱学生"，这是赞科夫眼中的师德。

无论时代，不分国界，师德都是投射到教师群体身上的光环，更是为师者内心那盏不灭的心灯。

二

在太行山上，绵绵峰岭间，李保国奔波在扶贫第一线，他最爱的就是治山，最高兴的就是看着山里百姓富起来。

在海拔 6000 多米的珠峰北坡，钟扬带着学生采集到了被认为是生长在海拔最高处的种子植物。作为一名植物学家，十几年间，他在雪域高原收集了 4000 多万颗种子。

在河南信阳一个小镇，绿之风希望小学的学生们正常放学，李芳面对飞驰而来的三轮车，一边大声呼喊着学生们快让开，一边以身挡车快速推开身边最近的四名学生。

……

这些新时代的师德楷模，用数十年如一日的无私奉献，对专业的极致追求，对学生深沉似海的爱，甚至以生命为代价，诠释了师德的内涵。

而中华优秀师德传承至今，更是注入了新内容、新意涵。

新时代的师德，首先是社会公德的集中反映。社会上的公序良俗、道德准则，为师者都应模范遵守与践行，大到爱党爱国，小到爱护公共卫生环境、拾金不昧，都应是为师者的行动指南。

新时代的师德，更是职业道德的时刻彰显。数百万名乡村教师扎根基层、无私奉献，广大一线教师起早贪黑忙于日常教学工作，包括时刻关注学生的身心健康、坚持不参与有偿补课等，都让我们看到了职业道德在闪光。

新时代的师德，还是一种自我修养的持久淬炼。在社会公德与职业道德之上，为师者还要追求更高的精神境界，在做人、处事、为学方面不断提升自我。"把为祖国富强、民族振兴、人民幸福贡献力量作为毕生追求"的黄大年，"一辈子做教师，一辈子学做教师"的于漪，都是这方面的杰出代表。须知，为师者唯有具备超出常人的道德自觉和个人修养，方能立德树人、成风化人，此所谓"为人师表"。

置身社会道德之阶的高处，于教师而言，既是戒律，也是荣耀。尊师重教是中华民族的传统美德，教师在当下是全社会受尊重的职业之一。书香门第、教师世家更是备受推崇，一人做教师，整个家庭和家族都会因之增光。这是全社会对教师育人工作的肯定，更是对教师高尚品德的敬仰。师德，也是教师职业幸福感的源泉。

在新时代，于人民群众而言，美好教育是美好生活的重要组成部分。而美好教育的创造，离不开广大教师的努力与奉献，离不开师德的支撑。做学生的"四个引路人"，做到"四个相统一"，这是新时代教师的师德，更是新使命。

三

慕课、电子白板、智能教室、翻转课堂、泛在学习、教育云平台……进入新时代，教育行业发展从未如此快速。

高铁、天眼、大数据、区块链、量子计算、人工智能……进入新时代，社会对人才之渴求从未如此强烈。

如何让教育推动社会发展、让教师撑起教育脊梁，如何让教师具有高尚师德、让师德点亮职业生涯，成为今天我们必须作答的教育之问。

答案在哪里？构筑师德建设长效机制！

"使蒙者不失其正，教人者之功也。"习近平总书记在党的十九大报告中提出了"培养担当民族复兴大任的时代新人"的新要求。培育时代新人，每位教师要学为人师、行为世范，不断增强专业能力，提升自我修养，还要发挥制度、政策、机制的杠杆作用，让教师向高尚师德看齐，向优秀榜样学习，做到"心中有标杆，行动有遵循"；面对千差万别的学生，知道哪些行为必须做，哪些行为不能做；在学生内心有困惑时，知道可以做什么，不可以做什么。

"师严然后道尊，道尊然后民知敬学。"师德建设长效机制切实发挥作用，离不开正面的宣传教育，需要社会舆论的正向引领。对教师、对教育，应给予应有的尊敬与爱戴，从国家到地方、从教育管理部门到学校，扎扎实实推行师德教育，认认真真做好师德工作，弘扬尊师重教之传统，助益领悟"教师"这一庄重称谓的厚重含义，自觉维护教师职业的尊严。

"道之所存，师之所存也。"教师崇德修身，彰显着传统良行之范，遵循的是社会主义核心价值观。在教育实践中，教师以立德树人为出发点和立足点，坚持以人为本，以德立身、以德立学、以德施教、以德育德，能自觉成为中华优秀传统文化的传播者、学生成长的引路人。广大教师自尊、自律、自强，做学生敬仰爱戴的品行之师、学问之师、生活之师，做社会主义道德的示范者、诚信风尚的引领者、公平正义的维护者。

教者，乃立教之本、兴教之源；师德，乃培养教师之关键环节、教师队伍建设之源头活水。扎实构筑师德建设长效机制，教师队伍的师德水平就有保证，广大学生的成长成才就有保证，教育的明天就有保证。

四

师德培养离不开时代的土壤，尊师重教也不仅仅是口头的呼喊，保障教师各项权益更是需要真金白银的投入。在这个日益多元的时代，这一切愈发需要实实在在的支撑。

落实各项政策，不断提升教师的政治地位、社会地位、职业地位，让广大教师群体在岗位上有幸福感、事业上有成就感、社会上有荣誉感，方能筑牢立德树人的基石。

年初，《中共中央　国务院关于全面深化新时代教师队伍建设改革的意见》出台，写入"确立公办中小学教师作为国家公职人员特殊的法律地位"。这是国家的庄严承诺和行动。

在重庆市谢家湾小学校长刘希娅看来，多年的呼吁终成现实，界定了教师的身份，让教师更加理直气壮，更有信心、有底气去教书育人，具有划时代意义。教师得以享有与公职身份相应的权利和义务，社会地位和经济利益才能得到更好的保障。

教育投入正在从投资"物"转向投资"人"，这是我们教育投入政策的重要转向。是的，让教师的钱包鼓起来、腰杆挺起来，不再是清贫的代表，这是提高教师社会地位的基础。

教育投入有了保障，教师待遇才有保障。目前，我国财政性教育经费占GDP的比重已经连续 6 年保持在 4% 以上，国家财政性教育经费超过 3 万亿元，其中一半以上用于教师工资和学生资助。

"这些年，工资涨得很快。"湖南花垣十八洞小学教师吴忠碧的收入从2006 年参加工作时的每月 815 元，到今年，工资收入加上乡村教师津补贴和年底一次性绩效和奖励，年收入可达 10 万元。在教育投入的链条上，乡村教育的投入正成为国家的大手笔工程。乡村教师待遇不断提高，生活更有保障，职业发展空间更大了，日子也越过越舒心。

"真没想到在退休之际，能收到这么珍贵的礼物。这一切，让我们更加觉得自己多年的付出是完全值得的。"江苏省丹阳市行宫中心小学退休教师杭红霞说。该校三位退休教师教书育人的故事被刊登在报纸上，工作场景被记录下来并剪辑成了微电影，在校园网上播放……

"学高为师，身正为范。"让教师成为最受人们尊崇的职业，这是人们内心的选择，也是时代的行动。宣传教师中的"时代楷模"和"最美教师"，开展全国教书育人楷模等评选表彰活动，为乡村学校从教 30 年教师颁发荣誉证书，师范生"免费教育"升级为"公费教育"，师范生的使命感和荣誉感显著增强……一系列措施正在不断提升教师队伍的社会地位，激励教师潜心立德树人。

"敬教劝学，建国之大本；兴贤育才，为政之先务。"各级党委和政府必须始终把教育强国作为为政之先，把加强教师队伍建设作为基础工作。关心教师，改善教师待遇，关心教师健康，维护教师权益，真正使广大教师"安心从教、热心从教、舒心从教、静心从教"。

五

"育才造士，为国之本。"潜心立德树人，是肩负人才培养重任的人民教师的终极责任。

这个世界，既不是有钱人的世界，也不是有权人的世界，而是有心人的世界。教师的最大幸福就是把孩子送往理想的彼岸。

像复旦大学思政课教师陈果那样"一课惊醒梦中人"，像清华大学邓俊辉教授那样接过"新生班主任"的重担，让我们看到，学生需要的好老师，既是引领学生"专业成才"的人，更是引领学生"精神成人"的导师。

"新竹高于旧竹枝，全凭老干为扶持。"是非明，方向清，路子正，付出的辛劳才能结出果实。面对信息时代各种思潮的相互激荡，面对纷繁多变的社会现实，面对学业、情感、职业选择等多方面的考量，潜心立德树人的好老师，就是以人格魅力引导学生心灵，以知识开启学生智慧之门的引路人。

周其林、张建华、应彩云等十位 2018 年全国教书育人楷模，有的是研究高深学问的大学教授，有的是基础教育一线的普通教师，有的是学前或特殊教育的辛勤劳作者，他们之所以成为楷模，无一不是因为有教书育人的真本领。潜心立德树人，靠的就是这样有真本领的好老师。

立德树人的真本领，来自育人为本的职业价值观。一个优秀的老师，一定会以"传道"为责任和使命，在是非、曲直、善恶、得失等方面坚守道德良知和底线，努力做好学生道德修养的镜子，用一言一行担起立德树人的重任。一个业务精湛、师德高尚的好老师，一个用自己学识、阅历、经验点燃学生对真善美向往，使社会主义核心价值观润物细无声浸润学生心田的好老师，只有经历长期教育实践的磨炼，才能成长成熟起来。周其林等教书育人楷模的成长之路，印证的正是这样一个简单的道理。古今中外，每个国家都是按照自己的政治要求来培养人的，我国社会主义教育就是要培养社会主义建设者和接班人。

耕耘在绿草地，此生无怨无悔。选择当老师，就选择了责任。党和人民期待着，广大教师更加珍惜时代赋予的难得机遇，一如既往弘扬高尚师德，潜心立德树人，努力培养出一大批能够让党和人民满意，顺应时代需求的人才。

六

"天下将兴，其积必有源。"教育现代化的宏伟目标，需要一代又一代教育工作者接续奋斗。

"非教无以立国"。党的十九大报告提出，到 2020 年全面建成小康社会，到 2035 年基本实现社会主义现代化，到本世纪中叶把我国建成富强民主文明和谐美丽的社会主义现代化强国。在整个国家现代化进程中，教育的基础性、先导性和全局性地位，决定了每一个教育工作者在民族复兴的征程上，肩负着更加重大的责任。

广大教师不坠青云之志，不改育人之乐，"衣带渐宽终不悔，为伊消得人憔悴"，勤勉工作、无私奉献，赢得了世人的尊敬和爱戴。今天的学生，就是未来实现中华民族伟大复兴中国梦的主力军，广大教师就是打造这支中华民族"梦之队"的筑梦人。

以德育德，筑梦中国，这是人民教师的宣言。在第 34 个教师节来临之际，和着新时代的节拍，让我们再次敲响鼓点，踏上新征程！

《中国教育报》2018 年 9 月 9 日

筑梦中华
——写在第 33 个教师节来临之际

钟曜平

又是金秋九月，第 33 个教师节如约而至。

让我们向全国 1500 多万名人民教师致敬，将最美的祝福献给你们——亲爱的老师！

今天的中国，壮志在胸！我们正站在前所未有的历史高点上砥砺前行。

大国兴，盼良师。何谓良师？正如习近平总书记所指出的："广大教师要做学生锤炼品格的引路人，做学生学习知识的引路人，做学生创新思维的引路人，做学生奉献祖国的引路人。"

在实现"两个一百年"奋斗目标和中华民族伟大复兴中国梦的征程中，教师肩负着特殊而又光荣的历史使命。教师是引路人，是打造中华民族"梦之队"的筑梦人！"引路人""筑梦人"，这掷地有声又充满理想色彩的词语，再次点亮教师的奋斗激情。引路前行、筑梦中华，这是时代对教师使命的新定位、新要求，也是时代对教师最深沉的呼唤。

一

2500 多年前，孔子杏坛讲学，弦歌不辍；800 多年前，朱熹置办学田，诠释"指引者，师之功也"的内涵；500 多年前，王阳明龙岗讲学，人们感慕云集，听者勃勃感触；100 年前，蔡元培执掌北大，倡导"教育指导社会，而非随逐社会也"。7年前，黄大年义无反顾地从英国剑桥回国，为祖国和事业交付全部。他离去的那一天，他的学生悲伤地说："那个像太阳一样的人走了。"

从春秋的私学、汉代的太学、隋唐的科举，到现代学校的建立，教师历来扮演着学生引路人的角色。

"教，上所施，下所效也；育，养子使作善也。"教师，在每个人的人生旅途中扮演着重要角色，如黑夜里的一盏盏明灯，照亮学生的前程，引领学生学会做人，自信满满地远行。教师不经意的一句话、一件事，也许就能让学生明白某个道理，甚至改变一生。

教师的伟大是人类社会所公认的。是教师帮助学生明辨是非，树立正确的价值观和崇高的理想信念；是教师诠释"学高为师，身正为范"，引导学生扣好人生的第一粒扣子；是教师引领学生的能力发展和专业成长，让他们担负起国家兴旺发达、社会发展进步的时代重任；是教师肩负着塑造人心灵和灵魂的伟大使命，用一生的时间去诠释"仁者爱人"的深刻含义。

如果说，每一个国家民族、每一段历史时空都有自己的精神指引，那么一代代教师教书育人的足迹，则蕴藏着一个国家的精神发展史，一个民族的不懈奋斗史。

如果说，民族复兴是一条光荣而漫长的追梦之旅，教育正是决定我们走向何方、能走多远的先导力量。教师，就是把握发展方向、引领学生走向未来的引路人。

二

当历史的指针指向民族复兴，教育之于国家的发展愈加重要，教师作为引路人和筑梦人的角色格外清晰。

"我们对于国家的贡献，哪里还有比教导青年和教育青年更好、更伟大的呢？"教育家的内心独白犹在耳畔，时代的光荣属于教师，因为他们孕育着一个国家的未来。

教师，打造中华民族"梦之队"的筑梦人，该以怎样的方式为学生引路，将学生引向怎样的路，这关乎一个民族沉甸甸的梦想。

时代越是向前，人才越成为国际竞争中的第一资源。要想跻身世界强国之林，必须培养高质量的人才。放眼寰球，发达国家都把人才当成国家的核心竞争力。美国实施《美国竞争力计划》，强调美国的竞争优势只有通过保持和扩大人才优势才能维系。面对日趋激烈的全球人才资源竞争，德国推出了包括培养和吸引创新型高级人才的"高技术"战略。当下的中国，已进入从要素驱动、投资驱动向创新驱动转变的发展新阶段，更迫切需要有创新能力、理想信念、责任担当和家国情怀的人才。

"致天下之治者在人才"。教师，在这个风云变幻的时代担当着不可替代的重要使命。在从教育大国向教育强国、从人力资源大国向人力资源强国迈进的历史新征程中，在实现"两个一百年"奋斗目标、实现中华民族伟大复兴中国梦的历史新征程中，教师引领着莘莘学子的未来，肩负着如山的责任。

伴随着全球化进程，价值观日益多元，功利主义、拜金主义、享乐主义等思潮对正在成长的青少年产生了一些不良影响。如未来学家托夫勒在《第三次浪潮》中所说："从来没有那么多国家里的人民，感到精神上如此空虚与沉沦。"此刻，对中国而言，已经到了关键的历史节点，学子们也从未像今天这样迫切需要精神层面的引领，从未像今天这样迫切需要树立积极的价值观和远大的理想信念，从未像今天这样迫切需要在追随时代梦想中实现自己的梦想。

三

筑什么样的梦，引什么样的路，这直接关系着一代人的前途命运，关系着民族复兴的梦想能否实现，关系着我们最终走向何方。

面对学子之未来、教育之未来、中国之未来，人民教师承载了太多期待！做好学生的引路人，让学生投身民族复兴的宏伟事业，把激昂的青春梦融入伟大的中国梦，这是教师的时代责任。

引路人的使命，要求教师做塑造学生品格的"大先生"。"先生不应该专教书，他的责任是教人做人"，陶行知先生充满智慧的话仍在耳边回响。教育的首要任务是培育人格健全、道德自觉的人，然后才是教人知识、技能。做学生锤炼品格的引路人，教师自身必须坚持修身立德。"把论文写在祖国大地上"，这是李保国选择的路！以扎根大地的奋斗为学生矗立起仰望的路标，上百人追随他的脚步扎根山区，矢志为农业奉献终身。教师是学生世界观、人生观、价值观形成的关键引领者，为学生点亮理想的灯、照亮前行的路，是每位教师的神圣职责。

引路人的使命，要求教师要点燃学生智慧的火花。"授人以鱼，不如授人以渔"。被称为"大国工匠背后的金牌教练"的禹诚，集高级讲师、高级工程师、高级技师三种身份于一身，鼓励、引导学生寻找兴趣点、追求卓越，让武汉第二轻工业学校成为数控界的翘楚。"教育的艺术是使学生喜欢你所教的东西。"在"互联网＋"时代，如何当好"学生学习知识的引路人"，是摆在教师面前的一道必答题。教师的知识储备不一定更丰富，但一定更具理性和选择性。作为引导者，教师要有学生视角，启发培养学生的创造力，点燃学生心中的奋进之火。

引路人的使命，要求教师培养学生的创新精神。AlphaGo 在围棋上的战无不胜，带给世人无尽的惊叹与错愕。是自豪还是失落？面对充满挑战的未来，教育准备好了吗？科技的发展将对教育产生深远影响，教师的角色将随之发生重大变化。教师应自觉提高创新本领，不断创新教育理念，做学生创新精神的呵护者、创造能力的培育者、创业生涯的指导者，努力培养出建设世界科技强国的一代新人。教师只有紧跟时代，不断学习和转化知识，扮演好学生创新思维的示范者和激发者，才能引导学生成为时代发展所需要的人才。

引路人的使命，要求教师要培养学生奉献祖国的大志。青春奉献社会，激情建设祖国。"黄老师，您为什么毅然回国？""能够留洋求学是偶然，回归故里报效祖国是必然，而非你说的'毅然'。"黄大年用生命兑现"振兴中华，乃我辈之责"的赤子初心，深刻阐释了心有大我、至诚报国的爱国主义情怀，引领了一代人的选择，造就了这个时代一道亮丽的风景。

有理想信念、有道德情操、有扎实学识、有仁爱之心，这是教育者头上的"顶灯"。当代教师甘守三尺讲台，为学生传道、授业、解惑，带领学生进行知识创新、科技创新的同时，也用自己服务社会、献身祖国的高尚情操，为广大学生树立了榜样。他们不仅是学生学习知识、创新思维的引路人，更是品格锤炼、奉献祖国的引路人，在平凡又伟大的教书育人事业中实现了言传和身教的统一。

"一个人遇到好老师是人生的幸运，一个学校拥有好老师是学校的光荣，一个民族源源不断涌现出一批又一批好老师则是民族的希望。"做好引路人、当好筑梦人，这是时代的呼唤，也是教师的使命。

四

"为众人抱薪者，不可使其冻毙于风雪。为自由开路者，不可使其困顿于荆棘。"教师是燃灯者、引路人，不该是清贫的代表。提高教师待遇和社会地位，让教师成为人人羡慕的职业，以最优秀的人培养更优秀的人，是对教师负责、对教育负责，更是对国家和民族的未来负责。铸就大国良师，改善其物质生活水平只是其一。职业发展空间、职业荣誉感的提升，是教师同样关注的话题。让教师安心从教、乐于从教、有尊严地从教，这是各级政府的当然之责，也应该成为全社会的共同行动。

现在，中小学里有了"教授级"教师，职业"天花板"被打破了……提高教师待遇，改革职称评定标准，改革实施国培计划、卓越教师培养计划，建立乡村教师荣誉制度，开展国家级教学成果奖评选，启动国家"万人计划"教学名师遴选……尊师重教的举措越来越有力度，也越来越有温度，教师的工作与生活保障越来越有力，职业成长空间越来越大。

这是教师的期待，也是时代的承诺：收入稳定增长成为常态，医疗、养老、住房等社会保障政策落到更实处，职业发展提供更大空间，教师职业更受社会尊敬，为教师成长发展提供全方位支撑保障，等等。教育管理者、家长以及全社会，都要对教师多一些理解、善意和包容。如此，引路人方能一往无前，更好地履行使命。

"我们比历史上任何时候都更接近实现中华民族伟大复兴的宏伟目标，我们也比历史上任何时期都更加渴求人才。"教育是国家富强的力量源泉，是振兴中华的重要基石，在实现中华民族伟大复兴的中国梦征途上，教师的责任和使命光荣而艰巨。

党的十九大召开在即，这是中国的大事，也是世界的大事，我们正翘首以待。过去的五年，在以习近平同志为核心的党中央坚强领导下，我们砥砺前行、铸就辉煌。在时代恢宏的画卷里，教师是引路人、筑梦人。是教师，让我们脚下的土地经历着丰饶的收获，推动着伟大的跨越。

引路前行，筑梦中华！在教师节的幸福与喜悦之后，让我们一起为下一个征程整装待发。

《中国教育报》2017 年 9 月 9 日

致敬！乡村教师

——写在第 32 个教师节之际

钟曜平

一

当时光流向金秋九月，1500 多万名人民教师迎来属于自己的节日，让我们把崇敬和祝福献给他们。

在教师群体中，有这样一群人，他们扎根在中国半数人口生活的广袤农村，为乡村学生播撒知识的火种，让乡村文脉得以赓续。他们有个共同的名字：乡村教师！

在波澜壮阔的中国教育发展史上，乡村教师曾写下浓墨重彩的篇章。

早在 20 世纪二三十年代，陶行知、晏阳初、梁漱溟等一批有识之士就把目光投向了乡村教育，"乡村教育是立国之大本""学校是乡村的中心，教师是学校和乡村的灵魂"。他们躬身于乡村教育实践，成为现代乡村教育事业的开拓者。

新中国成立初期，一场轰轰烈烈的扫盲运动在全国范围内展开。洗掉手上的泥土，走上三尺讲台，乡村教师为亿万农民打开了知识文化的大门。

改革开放以后，初步解决温饱的乡村，对办好教育迸发出强烈的渴望。"人民教育人民办"，广大乡村教师与村民一道捐物、筹劳，白手起家，一砖一瓦重建了乡村教育体系。在那段艰苦的岁月里，乡村教师毅然投入到普及九年义务教育和扫除青壮年文盲的战略目标中。从初步实现"两基"到"两基"巩固提高，从西部"两基攻坚"到"双高普九"，中国用 25 年的时间，完成了发达国家 100 年才完成的任务。奇迹背后，是几代乡村教师默默的坚守与付出，他们用朴实的信念和行动，撑起了乡村教育的脊梁，铸就了中国教育史上的丰碑。

中国经济高速发展，教育无疑是强有力的引擎。世界银行研究表明，劳动力受教育平均年限每增长一年，国民生产总值就可增加 9%。我们不会忘记，一大批活跃在"中国制造"舞台上的产业工人，正是在村小获得了最初的文化启蒙，感知了外部世界，是乡村教师点燃了他们的梦想。从中国制造到中国创造，从人力资源大国到人力资源强国，千千万万无私奉献的乡村教师用他们勤劳的双手，助推了走向现代化的进程。

伟大的事业呼唤伟大的精神，总有一种力量激励着乡村教师前行。被誉为"摆渡教师"的石兰松，始终不忘教书育人的理想信念，坚持撑篙划船 26 年，载着 1000 多名孩子驶向梦想的彼岸。大山深处的"掌灯人"支月英，用"捧着一颗心来，不带半根草去"的奉献精神扎根乡村 30 余载，教育了大山深处的两代人。把终身学习当作信仰的化学老师杨再明，凭着一股钻劲不断提升教学水平，让兴趣成为高效课堂的催化剂。"最美老师妈妈"陈万霞放弃县城的稳定工作，回到家乡创办了全国首个留守儿童寄宿制村级小学，把自己的温暖和爱心倾注到每一个学生身上……乡村教师用无悔的付出践行着"四有"标准，成为新时代的一面精神旗帜。

二

然而，这个飞速巨变的时代，带给人憧憬，也给人留下困惑。

城镇化正以前所未有的速度奔驰，到 2030 年，中国的城镇化水平将达到 70%。政策倾斜城市、人才会聚城市，城市成为现代化建设的重心、人人向往之地。在城乡二元结构的撕扯下，乡村与城市渐行渐远。

乡村所守护的文化正遭遇着不小的冲击，身处其中的乡村教育不可避免地受到影响，城乡教育差距、资源配置失衡等问题，制约着乡村教育的可持续发展。当身边大量的农村孩子涌向城市学校，坚守在乡村的老师们难免有些失落。

而他们自己，从物质到精神，也面临一些困境。"作为农村教师，我经常遭遇不被理解的尴尬"……全国"两会"上，一些代表委员的声音，道出了乡村教师的真实境况。

无论是 20 载不间断护送学生上下学的文天立，还是义无反顾扎根麻风村 30 年的农加贵，他们的奉献精神无疑是伟大的，但仅靠坚守与付出，很难带来乡村教育的持久提升。晋升不畅、教学繁重、收入微薄……现实问题消磨着他们的职业梦想与从教激情。

相比外部困境，专业发展的"无力感"也困扰着他们。

慕课、绘本、机器人……城市课堂日益与国际接轨，而在很多地方，乡村课堂依然是一支粉笔、一块黑板、一本教材，甚至在重演着 30 年前的故事。

我们清楚，中国教育最大的分母在乡村，基本实现教育现代化的短板也在乡村。发展乡村教育，教师是关键。打通教育现代化的最后一公里，要靠乡村教师改天换地的双手。

唯有有了经济上的硬气、专业上的底气、文化上的睿气，乡村教师才能更好地承担起时代赋予的使命，谱写更加壮美瑰丽的诗篇。

三

作为拥有 300 多万人的庞大群体，难道他们被遗忘了吗？当然不是。对他们的困境，最感同身受的，最有紧迫感的，是党和政府。

从中央到地方，从一揽子方案到各级各类实施细则，当前支持乡村教师发展的力度可谓空前，全面覆盖收入保障、职称评定等硬性层面，以及职业尊严、幸福感等软性层面，既见力度，又显温度。今年教师节，教育部还为乡村学校从教 30 年的教师颁发荣誉证书，着力提升乡村教师职业荣誉感，即是一例。

仅有一时的关怀自然不够，如果把乡村教师的困境比作一把锁，国家层面的制度设计是真正的钥匙。去年6月，国务院发布《乡村教师支持计划（2015—2020年）》；今年7月，国务院出台《关于统筹推进县域内城乡义务教育一体化改革发展的若干意见》，针对困扰乡村教师的热点难点问题，给出了有力的答案。

提高乡村教师待遇，一直被视为解决所有难题的"抓手"。国家设了一条底线——"使乡村教师实际工资收入水平不低于同职级县镇教师工资收入水平"。中央财政为此专门下拨奖补资金，2015年、2016年分别达到22.8亿元、29.8亿元。在全国近600个连片特困地区县，已实施乡村教师生活补助，平均补助标准近300元，受益乡村教师超过100万人。

增加收入只是其一，国家对乡村教师的支持是一套完整的"组合拳"：职称（职务）评聘向乡村学校倾斜，并确保乡村学校教师职称即评即聘；统一城乡教职工编制标准；将符合条件的边远艰苦地区乡村学校教师纳入当地政府住房保障体系……全面解决乡村教师的后顾之忧。

中央好政策，地方须给力。我们看到，全国31个省（区、市）和新疆生产建设兵团全部出台实施办法，因地制宜提出符合乡村教育实际的支持政策。已有23个省份采取公费培养、学费返还等方式，每年吸引约3.5万名高校毕业生直接到农村中小学任教。这一切，都是为了让乡村教师真正"下得去、留得住、教得好"，为2020年基本实现教育现代化奠定雄厚的师资基础。

而提升乡村教师专业化水平无疑是重中之重。"国培计划"近年来持续走向深入，2016年将完成100多万名乡村教师校长培训；2016年，中西部21个省份将招聘7万名特岗教师。完善乡村教师补充机制，全面提高乡村教师职业素养和师德水平，正在一步步推进。

当一项项政策走下纸面，我们有理由企盼：乡村教师的钱包更鼓、职业发展的机会更多、脸上的幸福感更足……

四

2020 年基本实现教育现代化。

在时间维度上，这是中国教育现代化的一小步，却是乡村教育的一大步。

在这跨越式的一步中，乡村教师将以新的形象出现在他们奉献的土地上，成为这个时代的"新乡村教师"，成为一个有理想信念、有道德情操、有扎实学识、有仁爱之心的站立的"人师"，而不是带着"病痛"的"教书匠"。他们要选择一条新路去完成自我的转型。

新路在哪里？在追求卓越的专业发展。

乡村教师要亮出自己的"手艺"来面对新的时代。苗族教师杨丙俊把自己民族的民间文化和经典《论语》带进课堂，让偏僻山区的课堂靓起来。这是杨丙俊的"手艺"。让优秀教师到乡村去，让乡村教师获得专业培训，成为优秀的教师，这是国家和社会新的选择。激活乡村教师专业追求的内在动力，乃是乡村教师重塑形象的第一步。

新路在哪里？在更新现代教育观念。

"85 后"乡村女教师黄琴从网络、报刊积极汲取新鲜知识和观念，运用到日常教学中，这是黄琴在闭塞的乡村获得教育想象力的方式。她在努力实现自己的"现代化"，并以培养具有自由、独立、开放等现代文明基本素养的人为使命。对很多仍在教育"温饱"上挣扎的乡村教师来说，这是一个艰难的历程。在复杂的乡村现实中，地域文化、民族习俗与信仰、经济水平等种种因素纠缠在一起，让观念的"突围"成为一场攻坚战，这是乡村教育现代化的必由之路。

新路在哪里？在以教育让乡村更美好的实践中。

散落在乡野里的校园和校园里闪烁的"烛光"，乃是驱散乡村蒙昧的力量。越来越多的公益组织提出"乡村校长计划"，要培养一代具有优秀领导力的"乡村教育家"。培养乡村教育的"陶行知"，也是全社会共同的长期目标。"烛光"暗淡，是因为时代的"欠账"，而现在，时代正把这笔"欠账"还上，乡村教师将在这一过程中实现自己的"转身"。只有乡村教师的专业转型和精神重塑在教育实践中获得日益丰硕的成果，乡村教师才能成为真正意义上的乡村教育推动者，成为美好乡村的建设者。

把握当下，面向未来。乡村教师将为他们脚下的土地奉献爱与智慧，成为改变一个人、一个乡村命运的智力支持者。他们是实实在在的乡村教育实践者，而他们当中优秀的人，将成为改变一方水土的"乡村教育家"，成为乡村发展的新脊梁。

这是时代的期许，也会是乡村教师对自己的新期待。

《中国教育报》2016 年 9 月 9 日

不负重托，担当使命

—— 热烈祝贺第 31 个教师节

钟曜平

今天是第 31 个教师节，让我们把深情的关爱和诚挚的祝福献给人民教师，向广大教师和教育工作者表达最真诚的感谢和最崇高的敬意。

教师节前夕，习近平总书记给"国培计划（2014）"北京师范大学贵州研修班全体参训教师回信，勉励他们牢记使命、不忘初衷，努力做教育改革的奋进者、教育扶贫的先行者、学生成长的指引者。这充分体现了以习近平同志为核心的党中央对广大教师的亲切关怀、对教师成长的殷切希望、对教育工作和教师队伍建设的高度重视。回信明确提出了广大教师做党和人民满意的好老师的具体要求，为进一步做好教育工作注入了强大动力，为广大教师的成长指明了前进方向。

教育承载着民族的希望和未来，教师是国家大厦的基石。在我国现代化事业中，广大人民教师忠诚于党的教育事业，勤勤恳恳教书育人，兢兢业业立德树人，用智慧引导学生打开知识之门，用爱心浇灌出学生美丽的心灵之花，在平凡的岗位上作出了不平凡的成绩，为我国教育事业作出了重大贡献。1500 多万名教师支撑起世界最大规模的教育体系，他们是最宝贵的社会财富，是最值得尊敬的人类灵魂工程师。

实现中华民族伟大复兴的中国梦，推动中国经济发展和社会进步，关键在人才，基础在教育，根本在教师。教师是人类文明的传承者和创造者，是人类灵魂的塑造者，是学生成长的引导者，在教育事业发展和社会主义现代化建设中起着特殊作用。在推进中国特色社会主义事业和实现中国梦新的历史征程中，教师的重要地位和奠基作用更加突出，加强教师队伍建设的紧迫性更加凸显。当前，广大教师要学习好、领会好、贯彻好、落实好习近平总书记关于教师工作的一系列重要论述，自觉增强立德树人、教书育人的荣誉感和责任感，做一名"有理想信念、有道德情操、有扎实学识、有仁爱之心"的"四有"好老师。

坚持把师德修养放在首位。教书育人，师德为先。教师的职业特性决定了教师必须是理想坚定、道德高尚的人群。育有德之人，要靠有德之师。只有教师拥有良好思想品德，才能教育引导学生热爱祖国、热爱人民、热爱中国共产党。广大教师要自觉做中国特色社会主义的坚定信仰者和忠实实践者，带头弘扬、践行社会主义核心价值观，加强自身道德修养，做一个高尚的人、纯粹的人、脱离了低级趣味的人，自觉坚守精神家园、坚守人格底线，把正确的道德观传授给学生，做学生健康成长的指导者和引路人。

掌握教书育人过硬本领。扎实的知识功底、过硬的教学能力、勤勉的教学态度、科学的教学方法是教师的基本素质，也是教师安身立命的根本。当今时代，知识的更新速度加快，广大教师要成为一名知识丰富、业务精湛和学生喜欢的好老师，必须站在知识发展的前沿，加强学习、刻苦钻研、严谨笃学，不断充实、拓展自己，不断更新自己的知识结构，不断研究教育教学规律，不断提升教育教学能力和质量，以自己源源不断的力量为源泉，为学生提供鲜活的知识清泉。

踊跃投身教育改革创新实践。当前，我国正处于全面深化改革、万众创新的新时期。激发创造活力、挖掘创新潜能是推进教育改革和提高教育质量的重要抓手。广大教师身处教育一线，对学生的需求最了解，对教育的问题最熟悉，对改革的必要性、重要性和紧迫性认识更深切。因此，要不断更新教学观念，改革教学内容和方法，注重培养学生的主动精神，鼓励学生的创造性思维，引导学生在个人兴趣和发挥潜能的基础上全面发展，播撒创新的火种，为大众创业、万众创新源源不断地注入新生力量。

强国必先重教，重教必须尊师。要在全社会进一步营造尊师重教的良好风尚，使教师这个神圣的职业更具吸引力和成长前景。特别要关心重视边远、贫困、民族地区以及中西部地区的教师，把乡村教师队伍建设摆在教育事业优先发展的战略地位，促进教师队伍健康、均衡、公平发展，更好发挥教育的基础性、先导性、全局性作用。广大教师要不负重托，担当使命，努力做到"三个牢固树立"，自觉践行"四有"标准，做一名党和人民满意的好老师，为实现教育现代化和中华民族伟大复兴的中国梦作出新的更大贡献。

《中国教育报》2015 年 9 月 10 日

在中国梦的征程中实现人生梦想

——写在第 30 个教师节来临之际

钟曜平

一

第 30 个教师节如约而至。在这个值得铭记的日子，亲爱的老师，让我们把最美好的祝福送给您！把最诚挚的感谢送给您！

教师节设立 30 年，它与中国的改革开放有着大致相同的时间坐标。这 30 年，中国成为名副其实的世界第二经济大国，写下了让世界感叹的"中国故事"，创造了让外媒惊叹的"中国传奇"。国家强盛、经济腾飞、文化繁荣，深藏于中国人心中的民族复兴之梦，犹如朝阳喷薄而出。

在中国梦的画布上，教师梦是最瑰丽的色彩。

二

每个教师都有自己的梦想。广西斜阳岛程霖老师的梦想是"我留下来，让孩子像海鸥一样飞出去"，武汉聋哑学校杨小玲老师的梦想是"帮助聋哑孩子实现梦想"……为国家发展、为民族复兴培养更多更好的人才，是所有教师共同的梦想。

这样的梦想映射的是教师梦的丰富性、独特性和时代性。教师梦是 1400 多万教师共同的梦，根植于丰富多彩的教育生活，具有持久生命力。教师梦与农民梦、工人梦不同，传道授业、立德树人，一切梦想都是围绕着人的发展展开的。一切为了学生，为了一切学生，教师既是追梦人，也是圆梦人。教师梦，既镌刻着教师发展的脚步，也标示着国家前行的轨迹。

国家梦想孕育教师梦想，教师梦想成就国家梦想。这是历史的辩证法，也是时代发展的必然。

三

教师的命运与国家的命运息息相关，没有国家发展，何谈教师梦想。

"文化大革命"期间，国家发展陷入停滞甚至倒退状态，各行各业遭受重创，学校系统几近瘫痪，许多教师被长期剥夺上讲台的资格，教师只能把折翼的梦想深埋心底。教师这个职业像被乌云遮蔽的太阳一样，失去光亮。北京一中教师李国兴刚参加工作，领导担心他不安心从教，安慰他：只要表现好，以后托人帮他转行当售货员。这是当时教师地位的缩影。

"先工商，后财贸，哪儿也不要去学校"，这句广为流传的顺口溜正是当时社会对教师职业最直白的刻画与定位。当教师，似乎与梦想无缘，只与生存有关。

"国将兴，必贵师而重傅。"改革开放的号角，让教师怀揣梦想，重新启航。

党的十一届三中全会以后，国家的工作重心转向经济建设。党的十二大上，第一次把教育提高到现代化建设战略重点之一的地位。改革大潮的奔涌，经济发展对人才的渴求，让教育顺势而动。

然而，现实惊人地残酷。20世纪80年代初，我国人均受教育年限只有4.5年，平均每万名从业人员中有文盲2800人，占1/4以上，高等教育入学率只有2%左右。

怎么办？必须靠教育去改变！靠教师去改变！

1985年1月，全国人大作出决议，将9月10日定为教师节。

在一个社会风气还未真正开化的年代，为一个职业专门立定节日；在一个强调收入分配均等的年代，专门为一个职业上调工资并设立教龄津贴——这样的待遇，只有教师才能享有。

这是共和国教育史上具有划时代意义的事件，它意味着尊师重教成为国家意志，它意味着教师地位的空前提高，意味着教师梦从此插上了腾飞的翅膀。

1985 年 9 月 10 日，第一个教师节，北京师范大学的四名学生自发举起了"教师万岁"的标语。这鼓舞人心的四个大字，铭刻在千千万万人的心中。

四

国家的庄严承诺，让中国教师昂首挺胸，迎来了拥抱梦想的新时代。

30 年来，党和国家领导人一直深切关怀教师，倡导通过尊师重教、发展教育事业来提高全民族的素质。

几代领导人的关怀言犹在耳。邓小平说："要研究教师首先是中小学教师的工资制度"；江泽民说："千方百计地为广大教师办实事、办好事，尊重教师的劳动"；胡锦涛强调："要采取更有力的措施，提高教师地位，维护教师权益，改善教师待遇"；习近平在致全国教师的慰问信中指出："全社会要大力弘扬尊师重教的良好风尚，使教师成为最受社会尊重的职业。"

让教师成为全社会最受人尊敬、最值得羡慕的职业，这是时代的强音。

五

这 30 年，是教师梦想逐步实现的 30 年，是教师重新获得职业尊严并走上专业发展道路的 30 年。

教师梦五彩斑斓：我梦想有一套宽敞的房子，我梦想每个孩子都有美好的未来……每一个梦想里都包含时代的印记，包含教师对教育的深情。在这深情之中，更多的是对教师职业尊严的捍卫，是对教师专业发展的期盼。

30 年来，教师职业的法律地位初步确立。

从 1993 年至今，我国颁布了《中华人民共和国教师法》《中华人民共和国教育法》等一系列法律法规。这些法律法规确认了教师职业的地位和尊严，为教师队伍建设的法制化、规范化提供了可靠保障。翻阅这些法律条文，我们能看到国家对教师的呵护:《中华人民共和国教师法》中明确规定"教师的平均工资水平应当不低于或者高于国家公务员的平均工资水平，并逐步提高"。

30 年来，教师的社会经济地位极大提高。

从改善教师居住条件的"广厦工程"到义务教育学校实施的绩效工资制度，从提高中小学教师基本工资标准到各类教师津贴的发放，一项项惠及千万教师的"民心工程"，逐步提高了教师待遇，教师的职业声望逐渐获得与时代同步的共鸣。1992 年，将评选特级教师暂行规定修订为《特级教师评选规定》，扩大了特级教师的知名度，扭转了社会上许多人对中小学教师的轻视态度。

30 年来，教师走上专业发展的道路。

"国培计划""特岗计划"……一系列卓有成效的教师培养、培训计划，优化了教师结构，促进了教师整体素质的显著提高。同时，推进教师职称改革，探索教师资格准入制度，让教师的发展道路越来越清晰，准入门槛越来越高，专业标准越来越细化。教师职业真正成为一个专业，教师作为专业人员得到社会承认。

教师职业法律地位的确立、社会地位的提高、专业发展道路的拓展，意味着教师的职业梦想正在时代的辉映下美丽绽放。

六

梦想的实现需要人的奉献精神。这 30 年，教师接过时代接力棒，在心怀梦想的坚守中，争分夺秒，脚踏实地，在实现个体梦想的同时引领改革、培养人才、传承文明，推动国家现代化的发展。

30 年，教师是人才培养的主体力量。国家要走向富强，就意味着要解放和发展生产力，而解放和发展生产力，就要提高劳动者的素质和培养大批合格人才。这一切都离不开教师。尤其是在中国从一个人口大国走向人力资源大国、把沉重的人口负担转变为强大的人力资源优势的过程中，千千万万默默奉献的教师加速完成了这一进程，为中国的发展奠定了坚实的基础。

30 年，教师是教育改革的推动者。教师是教育改革中最有活力的因素。作为中国教育由大到强的奠基者，作为推动教育改革发展的主力军，教师把创新的涓涓细流，汇成改革的汪洋大海，并将这种创新精神传递给无数受教育者，从而推动国家的发展。

30 年，教师是文明的传承者和创新者。教师将前人积累的文明成果，经过消化吸收、扬弃创新，传递给青年学生，既利用先进文明成果培育新人，又通过育人传承与创新文明。教师作为价值坚守者，率先垂范，弘扬正气，在人们心中树立价值的时代标杆，成就一个社会的高度，传播先进文明的火种。

可以说，教师是先进生产力的开拓者，更是民族素质提高和社会主义精神文明建设的奠基者。在物质和精神两个维度上，教师推动着中华民族走上国家富强、民族复兴、人民幸福的强国之路。

七

个体的梦想只有追随国家的梦想，梦想这个词才具有更明亮的光泽，才会在时代与民族层面上产生回响。

"中国正处在一个民族复兴的伟大时刻，科学家理应去私心、敢担当、有作为，把个人奋斗与国家发展紧密联系起来。"这是清华大学教授施一公的梦想独白。在回国前，他是美国普林斯顿大学终身教授。无论是个人的生活之梦还是职业发展之梦，他都完美地实现了。

梦想可以有更高的阐释。"即使在中国做着和美国同样的事，在祖国也会开心得多。"施一公的话代表了无数教师对教育的深情。在这深情之中，他们有一个共同的梦想：中国梦。

中国梦是教师梦的宏大舞台。中国教师正处在历史上最好的时期，在与亿万人民共筑中国梦的进程中，教师有了实现自己梦想更大的可能。同时，中国梦赋予教师梦更雄浑的底色、更深厚的根基、更广阔的视野。民族复兴伟业召唤着教师，"两个一百年"构想需要教师助力，教师梦将由自发走向自觉，由个体转向全局，中国梦将成为教师梦的最终方向。

教师梦是中国梦的重要组成部分和实现前提。实现中国梦必须凝聚教师力量，这是人心往一处想、力往一处使汇聚起来的磅礴力量。中国梦实质上就是人才强国梦。人才资源强国建设每向前推进一步，我们离实现中国梦就更近一步。从这个意义上说，教师"立德树人"的梦想实现了，中国梦就有了人才支撑，就有了强大力量。

中国梦、教师梦完美地交融在一起。在共筑中国梦的进程中，教师实现着自己的梦，升华着自己的梦，最终推动实现中国梦。

八

助力中国梦，教师能做什么？这是一个考量教师能力的时代命题。

从人力资源大国迈向人力资源强国，这是实现中国梦的根本所在。我国经济总量攀升至世界第二位，这是了不起的成就。但这种增长主要是依靠"人口红利"，不可持续。实现中国梦必须从依靠"人口红利"转到依靠"人才红利"上来。随着现代化建设提速和人力资源竞争加剧，教师培养人才、开发智力资源的作用愈发重大。

实现中国梦，需要怎样的人才，如何培养人才，这是教师必须升华的梦想。

实现中国梦，需要"顶天立地"的人才。民族复兴既要有能回答"钱学森之问"的顶尖人才，也要有能提升中国制造水平，加快中国创造步伐的技术技能人才。身为教师，今天必须告别千人一面的培养模式，因材施教，为学生提供合适的教育，适应国家对不同类型人才培养的要求。

实现中国梦，需要全面发展的人才。现代化建设欢迎身心健康、积极向上的人，拒绝心理褊狭、身体羸弱的"考试机器"。教育改革进入深水区后，各种思潮、矛盾交织，在家长集体焦虑、主动"加压"的时刻，教师该从人的发展出发，解放学生的天性，从关注冷冰冰的分数到关注活生生的人。

实现中国梦，需要敢于创新的人才。民族复兴梦，呼唤有创新梦想、创新冲劲、创新勇气、创新能力的人才。教师要培养学生敢为人先的锐气、逢山开路的意志、探索真知的能力。在知识竞争时代，尤其要提升学生的知识力。知识力包括创新力、研发力、学习力、管理力、执行力。从某种意义上说，知识力的高度以及转化为生产力的程度，决定了中国梦实现的速度。

实现中国梦，需要勇于担当的人才。践行社会主义核心价值观，坚持公平正义，迫切需要培养有强烈社会责任感的人才。关爱他人、无私奉献、自觉担当、扶危济困，这是当前人们普遍缺失却又弥足珍贵的品质。教师要注重培养学生的社会责任感，并把这种社会责任感转化为自强不息、掌握本领的学习动力。

跟上时代步伐，再出发寻找、实现梦想，教师准备好了吗？

九

社会主义核心价值观是中国梦之魂，教师是核心价值观的带头践行者和最佳传播者。

教师，不仅是美好价值的弘扬者，更是人类文明的传承者。从这个意义上说，教师映射着社会发展的先进性和时代性。教师不仅要具有科学的教育理念、过硬的教学本领和深厚的文化底蕴，还应在带头践行和培育社会主义价值观的过程中，完善自我，哺育学生，延续文明，走向崇高。

近年来，张丽莉等英雄教师的事迹引发了全国关注，在广泛的赞扬中，我们既看到了教师职业的伟岸形象，也看到了人心向善的巨大力量。我们应该深思，为何很多善举往往由教师率先传递？为何由教师传递的善影响如此深远？为何在弘扬社会主义核心价值观的良好氛围中，教师能成为模范践行者，能成为良好社会风尚的积极推动者？

因为教师是"人伦之楷模，万世之师表"。因为教师是人类美好价值理念的言传身教者，是能把核心价值观深植于大众心底，将之传播最远、最广的人。

做核心价值观的践行者和传播者，引导学生乃至社会大众守牢心底的那根良知底线，这是教师不可推卸的社会责任与担当。这种践行和传递，不仅仅体现在英雄的瞬间，更体现在教书育人的点滴，表现为行为世范潜移默化的力量，使教师成为核心价值观的最佳传播者。

+

美好蓝图激发斗志，豪情壮志鼓舞人心。有了梦想，教师还需要让梦想照进现实。如此，教师梦将点燃教师职业热情的持久动力。

在教师梦和中国梦的互动交融中，世界东方将升腾起一个伟大民族走向复兴的伟大图景，而在中华民族追逐中国梦的伟大征程中，教师必将留下最美的身影、最炫的亮色！

《中国教育报》2014 年 9 月 9 日

教师的幸福在哪里

—— 写在第 29 个教师节来临之际

钟曜平

又一个教师节来临，又一圈年轮长成。日复一日，当时间从夜晚备课的灯光里溜走，从上下课清脆的铃声中溜走，从批改作业的笔尖下溜走……忙忙碌碌的你，有没有感到幸福？

教师是人生的指导者，教师是灵魂的塑造者。站在这崇高的荣誉下，你是否想过，教师的幸福究竟在哪里？

一

教师的幸福，一定不仅仅取决于自身。我们期盼政府重教的政策越来越实，我们期盼社会尊师的氛围越来越浓，我们期盼学校的管理更加民主，我们期盼每一个学生都能成才……所有这些，都可能让你发自内心地感到幸福。

但是，反观自身，在通往幸福的路上，教师自己能做什么？又需要做什么？

或许，繁杂的工作根本就让你无暇思考幸福与否，只是日复一日匆匆向前。在偶然闪过的瞬间，你会略带伤感地自问：生活在哪里？我又在哪里？低头走路的我，拿什么面对每天的雾霭、阳光和孩子时有困惑的脸？

我们先一起听一个故事。31 岁的美国数学教师肯特每年都会亲近大自然，在过去数年间，他深入大自然，近距离记录了约19公里的门登霍尔冰川下冰穴里连续消融和结冻的奇观，并绘制它们日益变化的过程。

肯特不是一个乏味的人，他有着自己的兴趣和业余生活的焦点。冰川下洞穴美景舒缓了他的压力，激发了他的灵感。一个可能和你我同样倦怠的肯特走出去，一个充满活力的肯特从冰川回来，站在学生面前。而且，不只是活力，还有阅历、视野、对生命更深沉的体悟与理解。这些生活的印记，不仅丰富了教师的人生，也会变成滋养学生的雨露。

跳出单调、庸常的生活，敢于改变自己，给自己生命更多惊喜，从生活中积淀教育的智慧与财富，你才可能获得更为幸福的职业生涯，更有底气把这种惊喜带给学生。很难想象，一个个人生活失败的教师能够拥有一个幸福的教育生涯。懂得追求生活诗意与幸福的教师，才能给学生充满希望的未来。

或许你会问，我们这么忙，时间从哪儿找？

时间是从热爱开始变得充裕的。不要给自己太多借口，你的时间和生活由你决定。"长三角"名校长、杭州安吉路良渚实验学校校长骆玲芳，一人管三所学校时也不忘去野外探险，在旷野的徒步中清空自己的头脑。她说，路上是她思考教育最好的时间。她还是一个茶艺师，每到春天都会和孩子们一起分享从大地而来的茶香。

教育即生活，生活即教育。在这里，有生活的激情，有教育的乐趣。一切都在教育之外，一切又在教育之中。幸福的个人生活与教育生活的幸福水乳交融。我们在生活中思考着、示范着我们的教育观念，在教育中寻找着、实践着我们幸福的职业生活。

热爱教育，热爱生活，这是教师幸福的起点。

二

对幸福的不同理解，使得每位教师感受到的幸福都不尽相同。但可以肯定的是，如果你只满足于照本宣科，对于教书育人的专业，不想也不愿有所建树，那么，你便很难在工作中感受到持久的幸福。

"经师易遇，人师难遭。"教书，育人，教师不仅要做"经师"，更要做"人师"。相信步入教坛之时，你也曾鞭策自己，不仅要学高为师，更要身正为范。然而，时移世易，今天教育所面临的社会大环境，比以往任何时代都要复杂。社会转型期阶层的分化，多元价值观的冲击，学生主体意识的日益增强，信息科技高速发展，给教育带来的机遇与挑战并存。

在这个时代，做"经师"或者为"人师"，已经完全超越教师以往所有经验的总和。

当教师不再是知识的最高占有者，你用什么应对课堂上学生的挑战？

当教师的威严在学生、家长日益增长的教育话语权面前日渐消减，你该怎样引领学生的成长？

当慕课为学习者提供几乎不逊色于真实课堂的体验，有人预言"大学已死"、大部分教师会被取代，你又该如何适应这一教育教学模式的革命性变化？

从长远来看，教师作为一种职业仍然充满着光明的前景，但师生教与学的方式已然发生重大变化。单向传递知识的教学模式将会很快遭到摒弃，取而代之的是多元互动、相互切磋的教学模式，师生将在提出问题和解决问题的过程中，共同找到创新的钥匙。在新型师生关系中，教师是学习者，是研究者，是平等中的首席，在互动中引领、启发学生将成为教师的重要任务。

与此同时，在这样一个纷繁芜杂的时代，"教书"和"育人"的职责咬合得又是如此紧密，"为人师表，立德树人"实际上比以往任何时候都更具分量。

雅斯贝尔斯说："教育的本质意味着一棵树摇动另一棵树，一朵云推动另一朵云，一个灵魂唤醒另一个灵魂。"可灵魂与灵魂之间的相互唤醒，谈何容易？

爱是教育永恒的主题。每个学生都有自己的可爱之处，每个学生的生命都值得尊重，都需要关心。只有爱，才能让心灵影响心灵，灵魂唤醒灵魂；

只有爱，才能真正呵护学生的成长。

特级教师于漪教过的一届学生中，有四个人有口吃的毛病。经过调查发现，四个人的"病因"实际上各不相同：一个是舌头稍短；一个是父母娇惯，语言不规范；一个是小时候模仿口吃者说话；一个是思维迟钝。她分别为这四个学生制订了有针对性的训练计划，使他们的口头表达能力都有了显著提高。

于漪的经历告诉我们，学生的家庭背景、生活经历、个性特质各不相同，教师要通过悉心体察，在千差万别中，发现并研究每个学生的独特性，然后加以尊重、关心、教育。

每个孩子心中最隐秘的一角，都有一根独特的心弦。教师只有将自己的心弦同孩子的心弦对准音调，才有可能与孩子的心产生共鸣。

在这个快速变化的时代，你能游刃有余地与孩子共同成长，这就是幸福的源泉。

三

与学生在一起，是幸福的。然而，今时今日，职业倦怠正在悄然侵蚀教师的职业快乐，外在的压力不断消解教师的成就感。当工作时间被无限延长，肩上责任成倍增加，当辛勤的付出得不到家长和社会的认可，当日复一日的工作变得机械而毫无生气时，教师要靠什么来支撑自己的职业幸福？

陶行知说，一定要看教育是大事业，有大快乐。教师的岗位很平凡，但教师又是干大事的。开启民智，传播道义，延续文脉，培养人才，做这样的大事，能不感到快乐和幸福吗？"壮乡活雷锋"韦造祥看到村里学校没教师愿意教，辞去村支书不干，甘愿当孩子王。有人说他吃错药，问他图什么，韦造祥却说："不图钱、不图官，就图我们的下一代有文化、有知识。"

是的，教师的幸福就蕴含在对这份职业价值的认可，以及这种价值的实现过程中。坚守山乡，清贫寂寞，却延续山乡文脉，放飞孩子希望；加班加点，疲惫不堪，却换来了孩子的成长。当意识到这些成就和光荣时，你就会体会到，教师这份职业是多么不简单，但又如此快乐。

教师整天与学生在一起，是一份让人年轻的职业。"文化大革命"结束后，斯霞已年过花甲，但她不顾领导的挽留，坚持从教研岗位返回讲台。在大家都为她的身体能否吃得消而担忧时，斯霞却乐呵呵地说："工作再重我也不怕，我喜欢孩子，和他们生活在一起，我感到自己永远年轻。"当你找到师生相长的职业乐趣，再艰苦的环境，再繁杂的工作，再恼人的偏见，也无法动摇你对三尺讲台的依恋，对教书育人的坚定信念。

学生是教师职业认同的基础。为人师者，看到学生"天天长大来，从没有知识，变为有知识"，犹如看到花草萌芽、果木生枝，从中能够体验到职业的价值和成就学生的快乐。如果你去爱学生，跟他们交朋友，你就不会觉得现在的独生子女难管、家长挑剔；相反，你会像斯霞那样，从学生身上找到青春，获得尊重。

教师还是智慧的追求者。四川宜宾特级教师陈亚梅出身教师之家，30多年前，她遵从父母之命，极不情愿地走上教师岗位；30多年后，她与讲台"融为一体"，丈夫几次许以高薪让她跳槽，她都不愿离开。49岁的她，甚至正在读教育硕士。是什么让她如此执着？陈亚梅说："是当教师的快乐，跟学生在一起的快乐，不断学习、研究的快乐。"

学习、研究、反思和创新，正是教师职业的魅力所在。苏霍姆林斯基曾说："应当引导每一位教师走上从事研究的这条幸福的道路上来。"爱上阅读，注重学习新知；一日三省，不断进行教学反思；关注教育问题，潜心研究钻研，你就能摆脱教师低水平重复劳动所带来的枯燥乏味感，在创新求索之中，体验到研究乐趣和幸福，收获职业成长。

发现职业的价值，享受职业的乐趣，感悟职业的魅力，这是教师幸福的钥匙。

四

除了把课上好、把学生教好，教师还应该有点什么追求？这不是一个形而上的哲学考题，如果不认清这个问题，倦怠、苦闷、彷徨就会接踵而来，幸福就会离我们远去。

在令人生畏的麻风病世界里，云南省广南县教师农加贵坚守了整整 27 年。他战胜了对疾病的恐惧、对困境的逃避，一个人支撑起一所学校，帮助被歧视的孩子赢回尊严。农加贵的精神贵在几十年如一日的默默坚守。坚守的是一种信念、一种追求。他让我们相信，教师职业的背后一定蕴藏着一种伟力，它是点燃教师职业热情的持久动力，也是通向个人幸福的不二法门。

古今中外，教师之所以受人尊敬，就在于他们是一群有精神追求的人。如果我们用历史的维度审视教师，就会发现教师的角色从来都不只是"教书匠"，传递知识、开启民智、赓续文明、坚守良心，教师挥洒的舞台比三尺讲台要广得多。

苏格拉底一生都在找寻智慧、追求真理，被誉为"雅典的良心"。2500 多年前，孔子与几个弟子被困于匡地，在生命安全遭到严重威胁之时，孔子仍坚信"天之未丧斯文"。维持和延续"斯文"，已成为他生命价值的全部。

哪怕就是教学生也不简单。诺贝尔奖获得者、英国生理学家罗伯茨终其一生都忘不了一位叫布鲁克斯的小学老师。不管罗伯茨回答问题正确与否，布鲁克斯都会发出愉快的叫喊："好极了！"这种发自内心的叫喊，让罗伯茨铭记一生。因为他从中感受到了巨大的乐趣——学习的乐趣、克服困难的乐趣、获得成功的乐趣。

布鲁克斯显然是把"人的培育"看作是自己的精神追求。

换一个诗意的表达，教师，就是要带人到有光的地方。这就是教师的精神追求。有了这种追求，人类的精神和生命在文明层面上就能代代传承，教师自己也找到了通向幸福大门的路径。

五

有追求就有动力。

有了精神追求，教师就会不断推动自己学习、探索、创造，不断地向自己的智慧、人格、能力发出挑战。每一天都是全新的，自己的生命和才智能在此过程中获得发展。

如何才能带人到有光的地方？这是个源远流长又被赋予时代内涵的命题。"师者，人之模范也。"霍懋征说，有什么样素质的教师就有什么样素质的学生。无论时代如何变迁，教师的工作从来都是用心去做，一辈子做教师，一辈子学做教师，不断提升学识素养、完善道德修养，用自己的言行去潜移默化地影响人，不断唤醒、激活存在于每个人心中的智慧、勇气、自信心，如此才能把人引到有光的地方。

崇高的精神追求，无论是对社会、对学生，还是对教师，都具有极其重要的价值。教师有了精神追求，并矢志不渝地坚持，就找到了连接社会价值和个体价值的桥梁，找到了外在价值和内在价值融合的幸福体验。

不难想象，当一个调皮的孩子因一位教师而成为国之栋梁，当一所学校因一位教师而声名鹊起，当一个小村庄因一位教师而走出封闭，当一个濒临灭绝的文化形式因一位教师而得以传承，这位教师会获得多大的成就感和幸福感！这种成就感和幸福感源自教师所创造的社会价值，却成就了教师的个人价值。

说到底，教师幸福是一种内心的体验和感受，但只有教师将"人的培育"作为一种精神追求，才能真正感受到幸福。

孟子说，"得天下英才尽育之"是"人生三乐"之一。得高徒、育英才无疑很快乐，但如果能将普通学生、问题学生、有缺陷的学生培育成对社会有用的人，这该有多幸福！全国优秀教师、四川树德中学冯蓉老师曾说："当教师很苦很累，我也经常被调皮的学生气晕，但我看到他们一个个长大成人，变得越来越懂事，我很高兴。当他们来看我时，我觉得我很幸福，所以，下辈子我还是选择当教师。"

教师是一个使教育者和受教育者都变得更完善和更幸福的职业。在成就学生的过程中成就自己，在追求卓越的过程中实现自我，教师的幸福，就在不懈的追求中。

正如古希腊哲学家所言，对精神的追求，必然通向幸福。

《中国教育报》2013年9月9日

师魂不朽

——写在第 28 个教师节来临之际

钟曜平

第 28 个教师节就要来临。当这个数字一年年增加，"教师"二字的分量在我们心中愈积愈重。我们憧憬这样的日子——当清晨的第一缕阳光打在脸上的时候，心存温暖的我们向全国所有的教师送上特别的敬意，献上最美的鲜花。

一

听着学生的问候，看着学生的笑脸，教师的满足感会油然而生。有时候人们可能会困惑：是什么力量让教师如此容易满足而且幸福？

因为教师是一群精神清洁而明亮的人。在危急时刻，在平凡岁月，学生始终是他们的第一关切。

有一个辉煌的瞬间犹在眼前。

2012 年 5 月 8 日，黑龙江佳木斯。在失控的汽车冲向学生时，张丽莉推开两个学生，自己却被车轮无情碾轧，失去了双腿。

如果电光石火、生死攸关的一瞬间能被定格，英雄教师们呈现的一定是同一种姿势——

2008 年 5 月 12 日，四川汶川。地震中砖瓦如冰雹般坠落，谭千秋拼命撑住课桌护住身下四个学生，"守护的翅膀"成为永恒。

2005 年 3 月 31 日，江苏金坛。飞驰的轿车直扑学生，殷雪梅奋力将他们推向路边，自己却倒在血泊之中。

在危急时刻、生死关头，像张丽莉、谭千秋、殷雪梅一样，无数教师把危险留给自己，把安全留给学生，挺身而出保护学生，矗立了一座座巍峨的师者丰碑。一位作家赞叹：教师最美，精神千秋。

当教师与英雄的称谓一次次重叠，我们一次次被感动，被震撼。英雄教师、最美教师，无论什么称谓都不能充分表达社会对教师这一群体的尊敬！

教师本是平凡而普通的人，在匆匆的人群中，他们有着这个时代所有人的欢乐与困惑。但在那生死攸关的瞬间，他们甚至没有犹豫和思考的时间。蕴藏在教师这一职业背后的力量推动他们从大地上跃起，走向崇高与伟大，如同彩虹高悬天空。

伟大源自平凡，平凡最难坚守。60 载教学生涯，于漪留下无数经典教案，"教课就是生命在唱歌"。20 多年扎根库区，王月娥每天摇船，接送七个小岛的 20 多个孩子上学、回家……在我国 1400 多万教师中，绝大多数都是这样年复一年坚守三尺讲台，在平淡的工作中默默奉献。他们没有惊天动地的壮举，却在平凡中哺育学生，延续文明，成就伟大。

这是什么力量？或许，支撑这种德行的动力，就是闪耀着教师这一职业内在精神的最光辉的顶点——师魂。

二

什么是师魂？师魂是教师的精神支点和力量源泉，是教师内心的道德律令和头顶仰望的星空，是师者所以为师的标志，是教师职业道德的核心，是师德的崇高的价值追求和精神境界。

这或许太抽象，太理性。我们换一种说法。

师魂是张丽莉、殷雪梅在危险时刻奋不顾身保护学生的精神和境界，师魂是徐本禹对山里孩子庄严的承诺，师魂是向倩在灾难降临时张开的双臂，师魂是李桂林、陆建芬山路上点燃的火把，师魂是云丹在海拔最高学校播种的梦想……师魂是在讲坛上默默坚守的 1400 多万教师内心的激情与火焰。

很多人在追问，为什么一个普普通通的人，一旦拥有了"教师"这个身份，他就拥有了一颗高尚的心，一个坚强的灵魂？"师魂"二字，为何能让他们在最平淡的时刻发出最灿烂的光芒？在最危急的时刻做出最无畏的选择？

三

让我们一起掂量师魂的分量、感受师魂的温度。

师魂，既接续传统，又与时俱进，纵沧海桑田，仍如常青之树岿然屹立。师魂是纽带，是血脉，只要有教师在，师魂将一直赓续绵延。然而，今天教师该如何爱学生？该遵循怎样的师德？该如何奉献于事业？这些又为师魂注入了新的时代元素。

爱心、德行、责任、智慧，构成了新时代师魂的内涵。

大爱无言！爱心是师魂的核心。汶川地震之时，一边是学生，一边是自己的孩子，很多教师面对艰难的生死抉择，选择了先救学生。这是人性的考量，也是师魂的光辉。"爱自己的孩子是本能，爱别人的孩子是神圣。"把学生的生命放在首位，教师的高尚情怀，已经远远超越了心理学对角色选择理论的解释。热爱学生是教师职业的底色，教师对学生的爱，不仅体现在生死瞬间，更体现在日常点滴。无差别地对待每一个学生是爱，"润物无声"的引导教育是爱，"疾风骤雨"的严格要求是爱，教好每一节课是爱，认真批改作业是爱，爱无时不在、无处不在。教师因爱而高尚，学生因爱而绽放。

大德无痕！德行是师魂的精髓。翻开历史卷轴，人们会发现教师的背影之所以伟岸，不仅仅是因为传道授业解惑。从孔子到陶行知，人们心中的教师典范无一不是具有高尚情操和人格魅力的人，他们探求真理、传播文明、播种希望，他们安贫乐道、温良恭俭、洁身自好。自教师职业诞生之日起，高尚德行便注定与教师形象长相厮守。教师的德行，不仅影响学生一生，也引领着时代风气。今天，不管时代如何变迁，价值如何多元，爱岗敬业、无私奉献、关爱学生，这些教师职业道德中最核心的内涵，不仅没有过时，反而散发出巨大的时代魅力。

大责无疆！责任是师魂的品格。今天这个时代，教师的责任意味着对教育事业的忠诚和使命，在中国教育由大到强的关键时期，只有广大教师以饱满的精神、高昂的斗志，从本职工作做起，从平凡岗位做起，一步一个脚印不懈奋斗，才能共同托起共和国宏伟的教育大厦。今天这个时代，教师专业化进程日益加快，当好一名优秀教师，要从孩子生命成长、生存发展的高度去思考教学，用自己的言传身教，引导孩子形成积极的情感态度和价值观。爱与责任，相得益彰。当一个教师触摸着自己的责任心，把真诚与智慧奉献给学生，爱才有生命力。

大智无价！智慧是师魂的真谛。古希腊人将教师尊称为"智者"。教育的真谛在于启迪智慧，只有有智慧的人才能为人师。今天，一个智慧型的教师要具备学习的智慧、处世的智慧、生活的智慧，而最核心的是育人的智慧。今天的受教育者与从前相比，个性是多么突出！今天国家对创新人才的渴求是何等迫切！如果教师没有智慧，像生产产品一样培养学生，那是对人性多大的伤害。而千人一面的孩子怎么能有丰富的创造力？今天的教育理念与从前相比是多么复杂，今天的知识更新换代是何等迅速，如果说传统教育的内核是知识，那么未来教育的视野应是智慧。因而，智慧型的教师不仅要"授人以鱼"，还要"授人以渔"。

四

事业崇高，师魂永恒！

教师是学生成长的引路人，肩负着启迪智慧塑造心灵的关键职责；教师是教育大厦的建设者，肩负着推动教育跨越发展的重要任务；教师是民族文化的传承者，肩负着弘扬传统继往开来的历史责任；教师是国家振兴的奠基者，肩负着建设人力资源强国的时代使命。

师魂，感召教师担起这如山般的重任，走在时代前列。

任何一个时代都有自己的时代精神，那些备受崇敬的教师往往站在时代文化的高点，成为民族、社会、历史发展进程中的精神旗帜。

不用说太远，想一想现代中国那些响亮的名字，李大钊、陈独秀、闻一多、蔡元培、陶行知、鲁迅……他们都曾以三尺讲台为自己的人生舞台，凝聚、感召、引领一代青年为国家复兴而奋斗。他们是平凡的教师，但在平凡中又心系民族和国家，从讲台到社会，他们的人生融入到现代中国追求独立自由民主富强的历史洪流中。

在他们身上，我们看到那些可贵的品质不因历史更替而失散，不因时代变迁而消逝，相反却历久弥新。他们用行动将教师这一职业的精神内核——师魂擦得更亮。

他们是时代的灯塔。

五

今天，我们正处于社会转型期，经济体制深刻变革、社会结构深刻变动、利益格局深刻调整、思想观念深刻变化。身处这样一个时代，选择做教师，难免要面临困惑。

有时，你也许会困惑于生活的压力。教师是一群甘于平淡、乐于奉献的人。但是，在这个物质极大丰富的时代，教师同样面临着物质诱惑，同样承担着改善家庭生活的责任。只是因为做了教师，他们肩上还有另一种责任，更大，也更有分量。在事业和家庭之间，教师该如何权衡？

有时，你也许会困惑于自我的发展。教师是一群默默耕耘、长期付出的人。年复一年，他们把学生的成长、成才当作最大的成功和幸福。但无论是从个人角度，还是从职业角度看，教师都有自我发展的权利和需求。在促进学生成长和自我发展之间，教师该如何平衡？

有时，你也许会困惑于社会的期待。教师是一群承载厚望、责任无限的人。在独生子女时代，孩子就是家庭的全部。"孩子就交给您了"，一句嘱托，千钧重担。尽管只是"有限责任者"，但现实中没有哪个教师会对家长的高期待掉以轻心。尽心了，还要尽心；尽力了，更要尽力。教师职责的边界在哪里？

有时，你也许会困惑于平淡的生活。教师是一群角色平凡、事务繁杂的人。一方校园，三尺讲台，经年累月，周而复始，很多人羡慕教师职业的清净与单纯；但很少有人能承受与之相应的平凡与繁杂。一边是百舸争流、精彩纷呈的世界，一边是淡泊名利、潜心育人的职业需求，教师该如何抉择？

六

聆听教师心声，感受教师困惑，不只是让赞美更有理由，更要在现实中为教师排忧解难，提供师魂自然生长所需的"阳光""水分"与"空气"。

1985年9月10日，新中国的教师第一次迎来了属于自己的节日。今天，在向全国1400多万教师送上第28个节日祝福的时候，我们期待党和政府不断提高教师的社会地位，拓展教师的发展空间，保障教师的福利待遇，关心教师的身心健康。无论他们身处繁华都市还是偏远山区，愿政策的阳光照亮每一位教师的脸颊，温暖他们的身心，让前行的脚步更有力量。

我们期待社会给教师更宽松的环境，让他们呼吸到更自由的空气：家长不把所有教育的担子都推给教师，而是和教师心连心、手牵手，一起承担教育下一代的重任；公众对教师多一些理解，多一些鼓励，因为教育改革本身就是一个探索的过程，需要直面挑战，甚至允许失败；媒体多关注教师的现实困惑、真实心声和精神面貌，让他们有更多的话语渠道和展示平台。

我们期待学校的管理更柔和一些，更人文一些，给教师以更多尊重和激励，为师魂生长源源不断地输送"生命之水"。教育是以灵魂影响灵魂、以生命化育生命的事业。学校期待教师怎样对待学生，就应该怎样对待教师。只有让教师真正感觉自己是学校的主人，他们的心才会自觉地贴近教育，他们的爱才会自然地流入学生的心田。

我们也期待，政府的关怀、社会的理解、学校的尊重能够极大促进教师的自我认同，让他们从心底里爱上这份"太阳底下最光辉的职业"。

七

这个世界上，很难找到比教师更古老、更令人尊敬的职业。自孔子、苏格拉底等先师以来，数千年薪火相传，教师的形象和精神已化为恒久而稳定的印记，深得世人认同。然而，要当好教师，更需要对师魂的自我认同，自我追求。

选择做教师，意味着选择平凡，选择崇高，选择教师这一职业所内含的准则与尺度。师魂绝不是高高在上的道德教条，而是教师共同遵守的基本价值，普遍认同的内在追求。一个出色而幸福的教师，一定在于他的内在认同与社会的外在认同实现了最大程度的契合——既做社会需要的教师，也做自我满意的教师。

八

今天怎样做教师？这既是身份和行为的自我审视，更是精神和灵魂的自我求解。

热爱教育。教师的工作不仅要付出劳动，更要付出爱心。因为"爱是一种伟大的力量，没有爱就没有教育"。爱教育，爱学生，教师就能在平凡中书写崇高，在微小中构筑伟大。教师的每一个眼神，每一个动作，看似微不足道，却可能把教育的影响力深深刻在学生的心理和行为中。爱护每一个孩子，教好每一节课，点滴关怀，细碎工作，循循善诱，诲人不倦，"爱的教育"是无声的春雨，点滴渗透，沁人心脾，在不经意中践行着伟大的使命。

育人为本。教师的职责不仅是教书，更要育人。育人是教育的本质，是教育的灵魂，也是教育的核心价值诉求。正因为教育对象是活生生的人，教师的工作才有了不同于其他任何职业的特殊性。关注每一个有差别的孩子，爱护每一个活生生的生命，因材施教，遵循规律，让每个学生都能有不一样的发展，都能有最大程度的进步，这是教师的天职，也是教师工作的意义所在。

立德树人。教师不仅是知识技能的传授者，更是高尚德行的践行者。网络时代，日新月异的技术设备和传播手段正在让知识传授变得轻而易举。很多人怀疑电脑将来可以取代教师工作，然而，完整的育人，不仅是知识传授，更重在道德影响。任何兼备知识与德行的教师，都是社会进步、文明发展所不可或缺的"良心"。言传身教，以德教化，这是以生命影响生命的最佳路径。

智慧施教。教师不是机械的重复者，而是智慧的行动者。今天的教育环境是如此复杂，教育对象是如此多样，教育理念是如此多元，要做好今天的教师，不仅需要知识和能力，更需要行动的智慧。因为教师的智慧，任何难度的教育问题都能得到解决，所有类型的孩子都能学有所成；因为教师的智慧，教育变得更加美好，师魂变得更加流光溢彩。

行为世范。教师既是社会普通一员，又是富有影响力的"特殊公民"。教师除了要像普通公民那样遵守社会伦理规范，还承载着为人师表的社会期待。这既是对学生言传身教的需要，也是社会文明发展的需要，因为即便是在校园之外、工作之外，教师的言行举止同样对他人有影响。任何履行人师角色的教师，都是具有一定社会影响的"特殊公民"。

我们这个时代，幸运地拥有一大批勇于担当、无私无畏的英雄教师，更幸运地拥有无数兢兢业业、尽职尽责的普通教师。在他们身上，我们看到师魂如花，寻常之时悄然含朵，危急时刻灿然绽放。正是有了他们的奉献、他们的坚守，师魂才如此鲜亮，如此绚丽！

师者永恒！师魂不朽！

《中国教育报》2012 年 9 月 9 日

图书在版编目（CIP）数据

回归教育本源：走向立德树人 / 张树伟，张贵勇主编；杨三喜，刘钰，张湘怡副主编．
— 上海：华东师范大学出版社，2024
（《中国教育报》四十年文存精选）
ISBN 978-7-5760-5016-5

I．①回…　II．①张…②张…③杨…④刘…⑤张…　III．①中小学教育—教学研究—文集
IV．① G632.0-53

中国国家版本馆 CIP 数据核字（2024）第 101219 号

大夏书系 Ｉ《中国教育报》四十年文存精选

回归教育本源：走向立德树人

主　　编　　张树伟　张贵勇
副 主 编　　杨三喜　刘　钰　张湘怡
策划编辑　　李永梅　卢风保
责任编辑　　薛菲菲
责任校对　　杨　坤
装帧设计　　奇文云海 · 设计顾问

出版发行　　华东师范大学出版社
社　　址　　上海市中山北路 3663 号　邮编 200062
网　　址　　www.ecnupress.com.cn
电　　话　　021-60821666　行政传真 021-62572105
客服电话　　021-62865537
邮购电话　　021-62869887
地　　址　　上海市中山北路 3663 号华东师范大学校内先锋路口
网　　店　　http://hdsdcbs.tmall.com/

印 刷 者　　北京密兴印刷有限公司
开　　本　　700 × 1000　16 开
印　　张　　17
字　　数　　251 千字
版　　次　　2024 年 7 月第一版
印　　次　　2024 年 7 月第一次
印　　数　　5 100
书　　号　　ISBN 978-7-5760-5016-5
定　　价　　69.80 元

出 版 人　　王　焰
（如发现本版图书有印订质量问题，请寄回本社市场部调换或电话 021-62865537 联系）